城市轨道交通工程

典型地质条件工程安全风险管控实务

刘永勤　魏吉祥　主编

地质出版社
· 北　京 ·

内容简介

城市轨道交通是现代大城市交通的发展方向。城市轨道交通在建设过程中，地质条件的复杂性、周边环境的不确定性、临近设施的敏感性、建设标准的严苛性等，使其属于高风险工程。

本书围绕城市轨道交通工程，针对北京地区工程地质及水文地质条件、典型地质条件分布特征及风险、全过程地质风险管理、典型地质风险勘察要点，分别介绍了典型地层条件明挖法工程、典型地质矿山法工程、典型地质盾构法工程和典型地下水条件及工程的安全风险控制，重点介绍了某车站主体明挖法施工基坑侧壁渗漏水处理、某车站明挖法施工多预警分析与处理、某换乘站盾构井坑底突涌险情及处理、某车站PBA工法施工多预警及洞内塌方处理等四个地质条件安全风险控制典型案例。

本书理论联系实际，可供地下工程、城市轨道交通工程勘察、设计、施工、风险咨询等相关人员参考阅读。

图书在版编目（CIP）数据

城市轨道交通工程典型地质条件工程安全风险管控实务 / 刘永勤，魏吉祥主编. -- 北京：地质出版社，2025. 4. -- ISBN 978-7-116-14583-2

Ⅰ. U239.5

中国国家版本馆CIP数据核字第20253S2Y77号

CHENGSHI GUIDAO JIAOTONG GONGCHENG DIANXING DIZHI TIAOJIAN GONGCHENG ANQUAN FENGXIAN GUANKONG SHIWU

责任编辑：肖莹莹
责任校对：陈　曦
出版发行：地质出版社
社址邮编：北京市海淀区学院路 31 号，100083
电　　话：（010）66554649（邮购部）；（010）66554571（编辑室）
网　　址：https://www.gph.clmpg.com
传　　真：（010）66554576
印　　刷：北京地大彩印有限公司
开　　本：787mm × 1092mm 1/16
印　　张：10.25
字　　数：260 千字
版　　次：2025 年 4 月北京第 1 版
印　　次：2025 年 4 月北京第 1 次印刷
审 图 号：京 S（2024）009 号
书　　号：ISBN 978-7-116-14583-2
定　　价：128.00 元

《城市轨道交通工程典型地质条件工程安全风险管控实务》

编委会

主　编：刘永勤　魏吉祥

副主编：郭建斌　毛海超　刘　学　卢　蓉　陈晓晖

主要编写人员：

马永尚　刘　鹏　刘天奇　邬秋实　谢　峰　宋江弘
宋春刚　高爱林　冯　欣　黄　赫　杨　萌　涂　闻
刘　丹　高　蕊　刘雅丹　汪　岩　曾令军　李　萌
甘　楠　张晨光　程俊波　何力威　付春青　张　功
毕　欣　李松梅　何海健　李名淦　高辛财　张韶文
孙长军　杨开武　田建华　叶　锋　贾　雷　韩　煊
王　法　黄志飞　苑伟家　洪　涛　马　龙　白晓鹤
戴　兵　陈树禹　刘世雨　王鑫平　邹思鹏　周　政
李艳秋　刘丙宇　肖丙胜　王利民　杨国哲　张国强
刘宇鼎　王　浩　祝建勋　王　辉　高　清　霍永生
刘高杰　刘　源　刘学锋　贺望峰　冯　涛　杨奉勤
苑露莎　吴凤明　傅湘萍　王西地　李　庚

审稿专家：

金　淮　杨和平　徐耀德　鲁　屹　陈　建　鲁卫东
竺维彬　马运康　张海波　乔国刚　王全贤　孟庆龙
郑仔弟

前　言

2019年9月25日，习近平总书记乘坐大兴机场线时指出："城市轨道交通是现代大城市交通的发展方向，发展轨道交通是解决大城市病的有效途径，也是建设绿色城市、智能城市的有效途径。"城市轨道交通作为重要的民生工程，近年来在我国得到了迅猛的发展，已经成为城市现代化建设征程中基础设施和经济发展的支柱产业。为保持经济平稳快速发展，国家加大了基础建设的投资力度，城市轨道交通建设也迎来了大力发展阶段，2020年、2021年和2022年的全国城市轨道交通新增里程分别为1233.5km、1168km及1080.63km。截至2022年末，城市轨道交通运营里程约为1028745km。未来，我国将形成布局合理、功能完善、干支衔接、技术装备优良的城市轨道交通网，实现城际客运专线、城际轻轨、城市地铁同铁路客运专线之间的衔接。

城市轨道交通在建设过程中，地质条件的复杂性、周边环境的不确定性、临近设施的敏感性、建设标准的严苛性等，使其属于高风险工程。其中，地质条件是城市轨道交通工程的载体，也是工程与周边环境相互作用的媒介。我国地质现象众多，地质条件具有明显的复杂性和差异性。调查显示，我国城市轨道交通工程建设过程中，约有70%的工程风险事件与地质条件有关，其中明挖法工程风险事件中59%的事故原因与软弱土质相关，矿山法中50%以上的工程风险事件与地下水相关，盾构法中33%的工程风险事件发生在软弱不均的地层中。地质条件的复杂性和不确定性可能导致工程风险，不良地质条件也是工程的主要环境风险源，所以，地质条件是城市轨道交通工程建设的基础，是重要的客观条件和风险因素。因此，城市轨道交通建设工程应将地质条件作为工程建设全过程中安全风险管控的关键要素。

北京市住房和城乡建设委员会于2023年发布《北京市城市轨道交通工程典型地质条件安全风险管控技术指南（试行）》，本书以此为契机对城市轨道交通工程建设遇到的典型的地质条件进行分析研究并汇总编制。由北京市建设工程安全质量监督总站牵头，北京城建设计发展集团股份有限公司进行组织，北京城建勘测设计研究院有限责任公司、北京市轨道交通设计研究院有限公司、北京市市政工程设计研究总院有限公司、北京市轨道交通建设管理有限公司、北京城市快轨建设管理有限公司、北京地矿工程建设有限责任公司、北京市勘察设计研究院有限公司、中铁四局集团有限公司、中铁七局集团有限公司、中铁十六局集团地铁工程有限公司、中铁二十二局集团有限公司、北京市市政四建设工程有限责任公司、北京建工路桥集团有限公司、北京建工土木工程有限公司等单位参与研究与编制工作，并聘请金淮等多位行业权威专家进行审核把关。本书针对城市轨道交通工程中地质条件进行研究，结合北京地铁的建设工程，梳理了影响城市轨道交通工程的典型地质条件，分析出不同情况的易发风险与勘察要点，结合轨道交通工程三大施工工法，提出相应的地质风险控制措施。本书理论联系实际，为轨道交通从业者提供相关背景与应用案例，可供勘察、设计、施工、风险咨询等相关人员参考。

本书共9章，其中第1—2章总结分析了北京地区区域工程地质水文地质情况、岩土工程特性以及各项不良地质作用，针对北京地区各典型地质条件，结合三大施工工法梳理出相关的工程安全风险；第3—4章为城市轨道交通工程建设全过程的地质风险管理与典型地层勘察要点；第5—7章为城市轨道交通三大工法在各典型地层中的风险管控措施，分别提出了相关风险的设计措施与施工措施；第8章为地下水相关风险管控，第9章选取了城市轨道交通工程施工中的相关案例。

由于成书时间仓促，资料有限，难免存在纰漏和错误，敬请广大读者批评指正。

目　录

1 北京地区工程地质水文地质条件概述

1.1 地理位置及水文气象

北京地区的西、北和东北方向群山环绕，东南方向是缓缓向渤海倾斜的大平原。北京平原的海拔在20～60m之间，山地一般海拔在1000～1500m之间，与河北交界的东灵山海拔2303m，为北京市最高峰。北京的地势是西北高、东南低。西部是太行山余脉的西山，北部是燕山山脉的军都山，两山在南口关沟相交，称之为“北京湾”，它所围绕的小平原即为北京小平原。

北京地区属暖温带半干旱半湿润大陆性季风气候，冬季受西伯利亚、蒙古高压气候控制，严寒干旱多西北风；夏季受大陆低气压和太平洋高压影响，高温多雨，盛行东南风。气候特点四季分明，雨热同期，干湿冷暖变化剧烈。受大气环流、地貌等因素影响，水热条件年际间、季节间、不同地域间具有明显差异。

北京地区年平均气温为12.5～13.7℃，7月平均气温25～26℃，1月平均气温-4～-5℃。近十年极端最高气温出现在1999年7月24日，为42.2℃；极端最低气温出现在2000年1月16日，为-15.0℃。城区近二十年最大冻土深度小于0.80m。北京市各月平均气温图见图1.1。

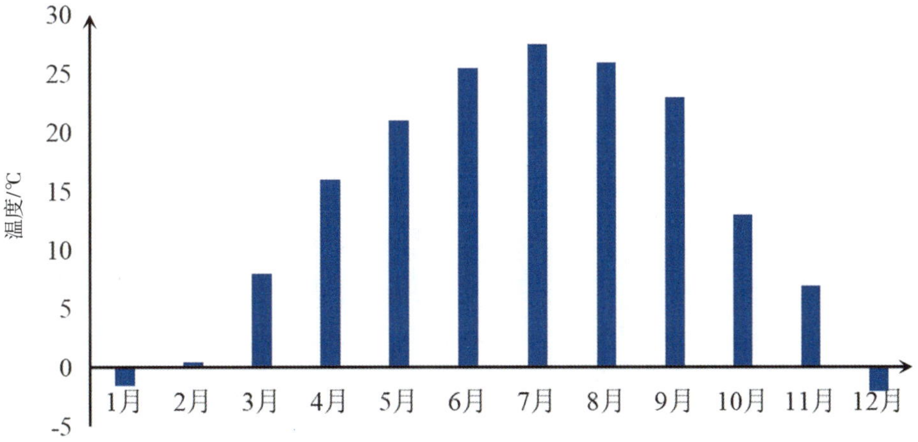

图1.1 北京市各月平均气温图
（2022年各月气温结果）

降水量空间分布不均匀，东北部和西南部山前迎风地区为相对降水中心，降水量在600～700mm之间，西北部和北部深山区降水量少于500mm，平原及部分山区降水量在500～600mm之间。夏季降水量约占全年降水量的75%，降水情况如图1.2～图1.4所示。

全市多年平均降水量一般在550～650mm之间，降水量年内分配不均，每年降雨多集中在7—8月，占总降水量的60%～70%，1、2月降水量最小。

全市月平均风速以春季4月最大，据北京市观象台观测，近十年市平均风速为2.3m/s，最大风速14.0m/s。关于北京市在近年来气象的具体资料参见表1.1。

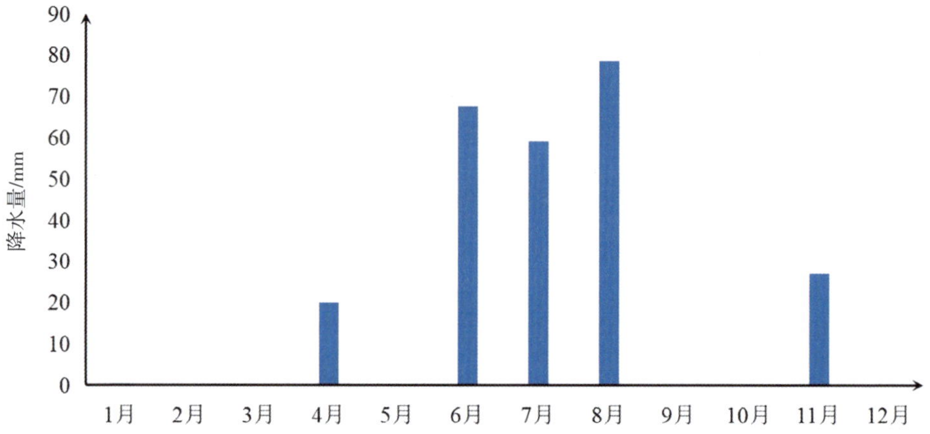

图1.2　北京市各月平均降水量图
（2022年各月降水结果）

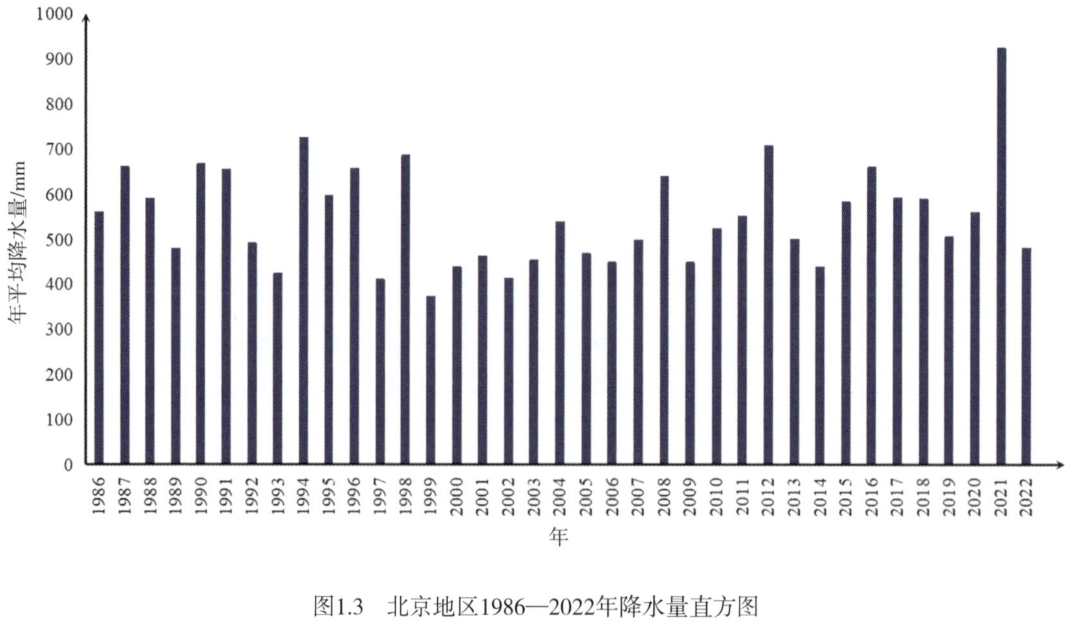

图1.3　北京地区1986—2022年降水量直方图

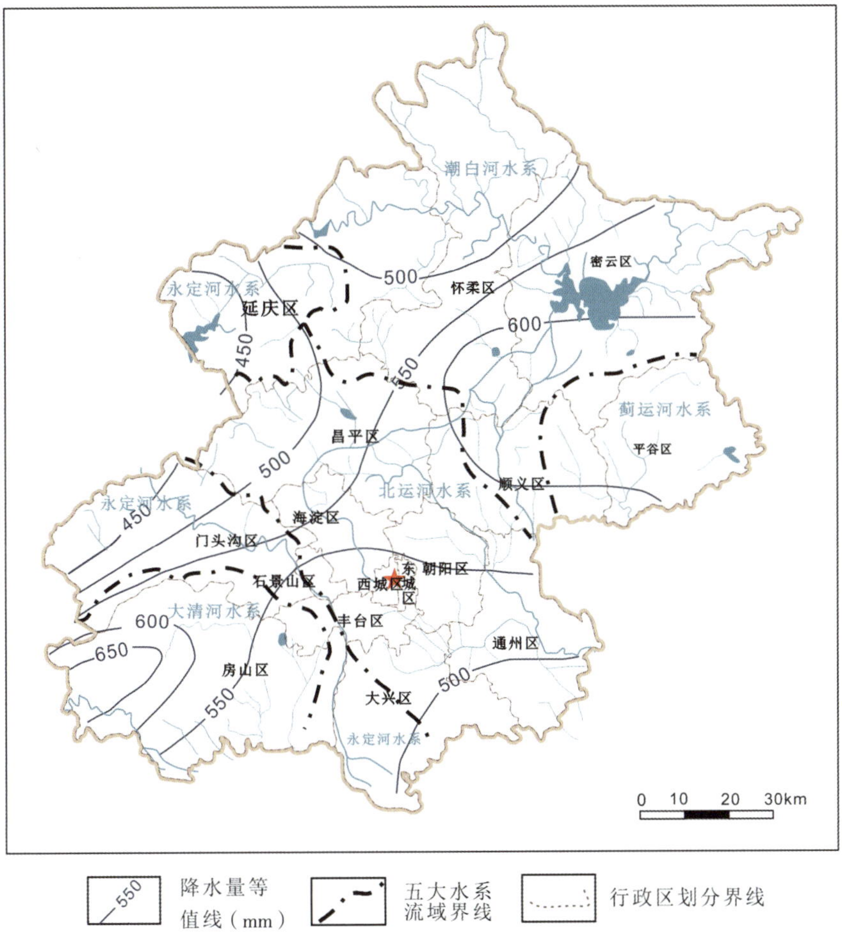

图1.4　北京地区多年平均降水等值线及水系分布图

表 1.1　北京市观象台 1996—2019 年气象资料表

项目	单位	数值	项目	单位	数值
年平均太阳总辐射量	MJ/m^2	4954.64	历年最大降水量	mm	908.4
年太阳最少总辐射量	MJ/m^2	4802.83	日最大降水量	mm	103.0（1998.6.30）
年平均最大总辐射量	MJ/m^2	5149.73	年平均风速	m/s	2.4
年平均日照时数	h	2560.5	年最大风速	m/s	13.2（1994.7.21）
年平均日照时数最小值	h	2418.7	年瞬时最大风速	m/s	25.4（1993.6.5）
年平均日照时数最大值	h	2712.5	年平均大风日数	d	10.5
年平均气温	℃	13	年平均气压	hPa	1011.4
年平均气温最小值	℃	12.5	年平均相对湿度	%	55
年平均气温最大值	℃	13.7	年平均降水量与蒸发量的比值	%	31.2
极端最低气温	℃	−15.0（2000.1.16）	汛期雨量与总降水量的比值	%	73.1
极端最高气温	℃	42.2（1999.7.24）	汛期多发生的月份	/	6—8月
年平均无霜期	d	177	≥10℃年平均积温	℃	4430.5
年平均降水量	mm	568.3	≥10℃年平均积温天数	d	208.1
历年最少降水量	mm	266.9	≥10℃积温日数内的年平均降水量	mm	533

1.2　地形地貌及构造条件

北京平原的主体是由大清河、永定河、温榆河、潮白河和蓟运河等5条河流的联合冲洪积而成（图1.5）。在所有的河流中，永定河在北京的流域面积最广。自三家店以下，至通州区附近都在永定河扇形地的范围内。

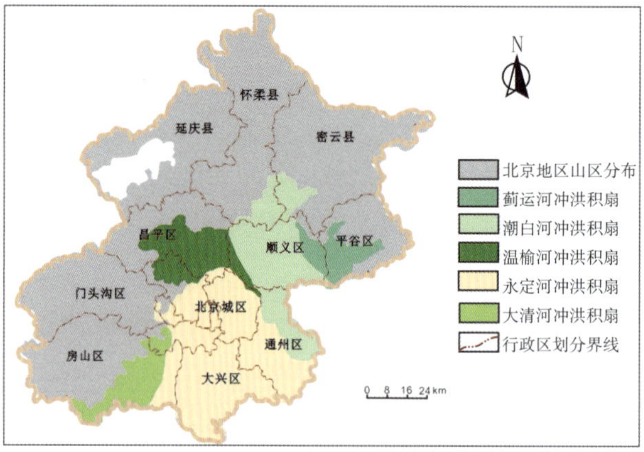

图1.5　北京平原区的冲洪积扇分布图

除西部局部涉及西山地区（局部地面标高达到87m以上）外，中心城主要位于永定河冲积平原，地形坡度平缓，地面标高一般在27～68m之间。受永定河全新世以来多次改道的影响（图1.6），平原区的地貌单元也比较复杂，在很大程度上决定了中心城范围内地层及地下水条件的复杂性。

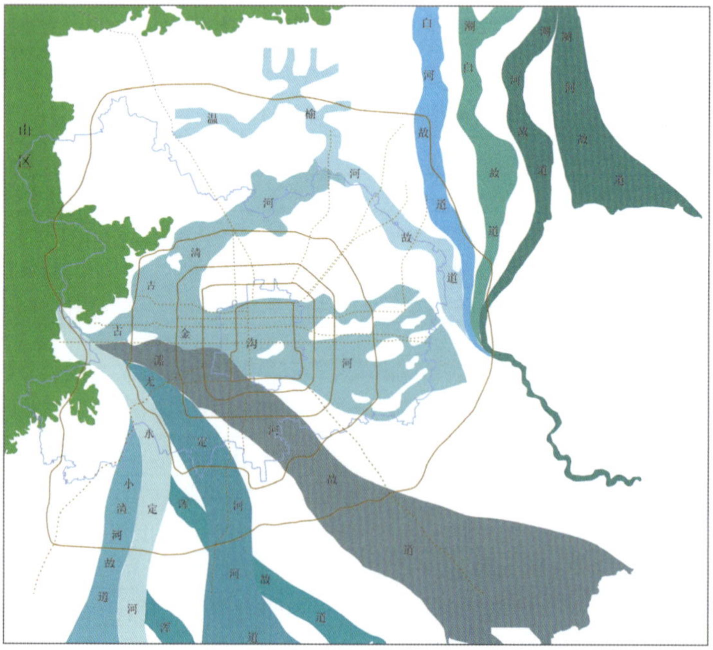

图1.6　北京平原区古河道分布图

第四纪以来，受新构造运动的影响，北京山区不断抬升，平原强烈下降。在不同地区受断裂活动形成的构造格架影响，形成几个不同的古盆地沉积中心（图1.7）。

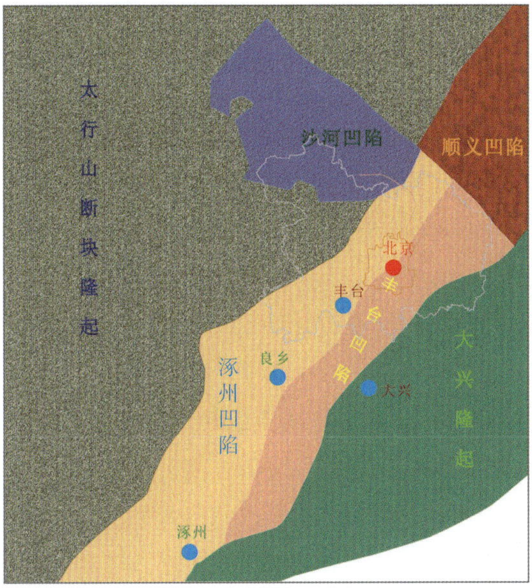

图1.7 北京地区新生代构造格架和构造分区示意图

北京地区的古盆地沉积中心主要包括沙河凹陷、北京叠凹陷（包括顺义凹陷、丰台凹陷和涿州凹陷），以及大兴隆起和太行山断块隆起。除了西部山区位于太行山断块隆起上以及东南部局部位于大兴隆起上以外，中心城主要位于北京叠凹陷上，新生代以来构造活动，尤其是断裂活动较为频繁。

1.3 区域地层条件

1.3.1 第四纪地层

（1）人工堆积层

北京中心城范围内人工堆积层岩性以房渣土为主。受北京市历史上人类活动影响，该层土的分布规律在北京中心城范围内变化较大。人工填土整体上工程稳定性较差，轨道交通等地下工程施工过程中的土体变形不易控制。

（2）新近沉积层

新近沉积层主要分布在北京市全新世中、晚期古河道附近以及市局部的河、湖、沟、坑附近（图1.8），岩性以砂卵砾石和黏性土为主，厚度一般在2～10m之间。

新近沉积层孔隙比较大、承载力较低、工程性质较差，且在强震动荷载作用下，新近沉积的饱和粉细砂层会发生液化，轨道交通等地下工程施工过程中的土体变形不易控制。

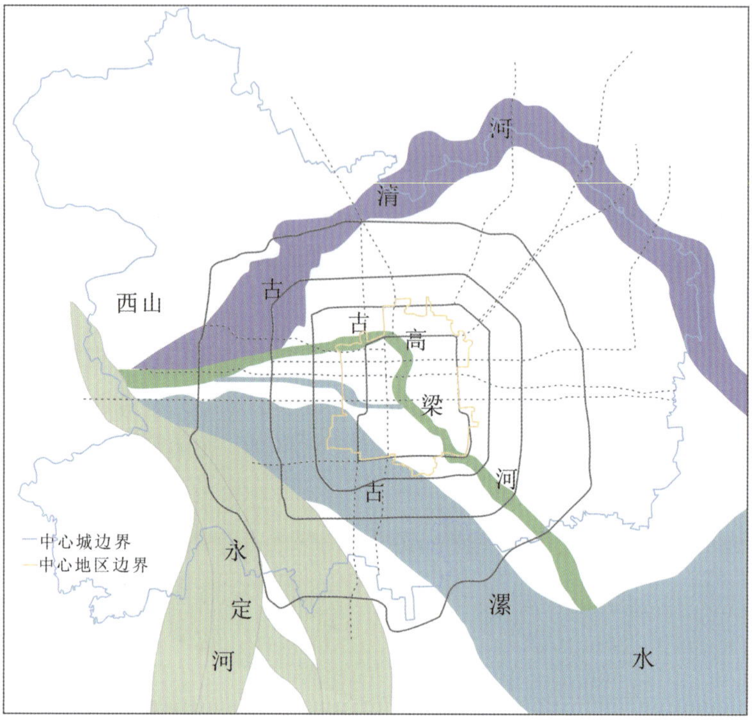

图1.8　北京市全新世中、晚期古河道分区图

（3）一般第四纪沉积层

一般第四纪地层在整个研究域普遍分布，受永定河的河道的变迁以及下伏基岩顶板起伏影响，在整个中心城内地层规律总体上十分复杂，无法建立标准层位，但该类型地层总体分布规律为：自西向东由碎石土、砂土逐渐过渡到碎石土、砂土、粉土与黏性土的交互层。

中心城第四纪地层条件的复杂性，在很大程度上决定了100m深度范围内工程地质与水文地质条件的复杂性（表1.2），对地下空间开发有着重要影响。

表 1.2　中心城一般第四纪沉积层的主要工程地质水文地质特征

地层岩性	工程地质特征	水文地质特征
黏性土层	压缩性较高，但稳定性较好	相对隔水层
粉土层	压缩性较低，但在饱和条件下，稳定性较差	30m以内可局部含水，30m以下主要为相对弱透水层
砂土层	压缩性低，深部地层密实，但在饱和条件或完全干的条件下，自稳定性较差	可成为含水层
碎石土层	压缩性低，一般较密实，但在无水、胶结性较差的条件下，稳定性较差。对于含超大粒径的碎石土，盾构机掘进较困难	可成为含水层，并且渗透系数较高

1.3.2 基岩地层

中心城第四纪地层以下分布的基岩地层主要以古近纪—新近纪砾岩和黏土岩为主，但受历史上多期次的构造活动影响（断裂构造、褶皱和岩浆活动），局部位置也分布有年代较老的基岩地层（如石景山附近的石炭纪—二叠纪砂页岩、侏罗纪的页岩和辉绿岩等）。由于古近纪—新近纪砾岩和黏土岩分布规律十分复杂，目前相关研究成果较少。

根据现场取样试验资料，并充分结合已有研究成果，对中心城100m深度范围内的主要沉积岩层的工程性质如表1.3所示的分析。

表 1.3 中心城古近纪—新近纪沉积岩工程性质

岩性	工程性质
砾岩	成岩程度低，当含水量过低或接近干燥状态时，砾岩的结构易受到扰动而使单轴抗压强度降低，当含水量过大时，水对砾岩中的泥质会起到较明显的软化作用，从而降低其单轴抗压强度甚至完全水解。古近纪—新近纪砾岩中砾石的矿物成分在北京地区变化较大，对其强度也有很大程度的影响
黏土岩	干燥时易开裂，水浸时易发生膨胀和崩解。自由膨胀率为40%~50%，属弱膨胀岩。有关研究表明，若保持天然含水状态且未受到扰动时，在水中黏土岩是难以膨胀和崩解破坏的，但工程开挖活动不可避免地会造成黏土岩的扰动，其含水状态发生较大变化，黏土岩遭受一次干湿交替作用就会产生显著的吸水膨胀以致崩解，崩解时间一般不超过一昼夜，具有快速膨胀崩解的特性，会给工程造成一定危害

1.3.3 典型地质条件

基于前述北京市工程地质水文地质条件概况，通过研究总结城市轨道交通工程建设地质风险控制经验，梳理出北京市较为典型的地质条件主要有填土、地层空洞或水囊、砂性土、大粒径土、细粗粒土组合地层、新近沉积土、土岩复合地层与基岩隆起、污染土与有害气体，以及不同类型地下水等。

1.4 区域水文地质条件

1.4.1 地下水类型及分布

根据前述对工程地质条件的分析可以看出，北京市第四系土层分布是非常复杂的，这就决定了地下水的赋存、运动的复杂性。在海淀镇—西直门—西单—沙子口—大红门一线的西南侧主要为砂卵砾石沉积，使这一带为单一含水层；东北侧地区上部为粉细砂、粉土、黏性土互层沉积，深部为砂卵石与粉土、黏性土的互层沉积，形成多个含水层，如图1.9所示。

另外，在洪冲积扇不同地貌单元部位的10m深度范围以内，其地层条件还受古河道变迁控制，因此也会形成与地貌特征密切相关的地下水，如分布于北部及东部地层中的台地

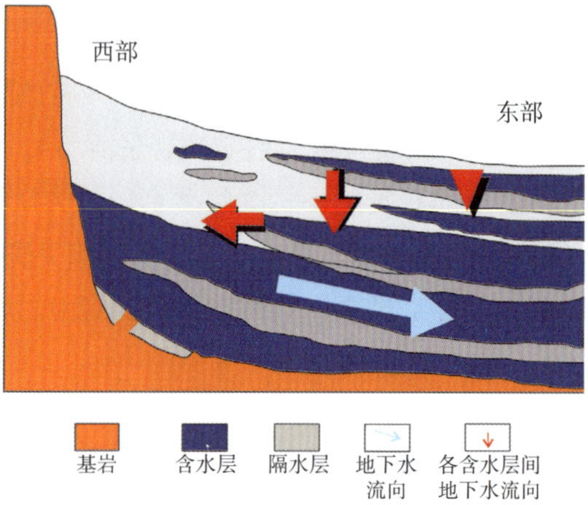

图1.9　区域地下水分布规律剖面示意图（自西向东）

潜水，分布于清河和温榆河故道中的阶地潜水等。总之，北京市地下水类型涉及上层滞水、潜水和承压水3种大的类型。

（1）上层滞水

主要分布于10m深度范围内的粉土、砂土和人工填土层中。主要接受大气降水、绿地灌溉和自来水、雨水、污水等地下管线的垂直渗漏补给。该类型地下水和大气降水关系密切，且以蒸发和越流为主要的排泄方式。

（2）潜水

该层水在北京市普遍分布，根据地貌特征和埋藏条件又可分为台地潜水、一级阶地潜水、层间潜水和西郊潜水，该类型地下水总的特征是具有自由水面和地下径流活跃。

台地潜水主要分布在北京市平原区的东部和北部的台地上，含水层岩性主要为深度10m以上的砂土和粉土层，渗透性较差。隔水层岩性为粉质黏土、黏土，含水层与隔水层基本呈互层状分布。除了地下水的侧向补给、径流和排泄以外，垂直方向运动较明显。接收大气降水、灌溉水和上层滞水的垂直渗透补给，以向下越流补给承压水的方式排泄，各层含水层都有相应水位，形成多个含水层、多层潜水的特点；阶地潜水主要分布于清河故道和温榆河故道中，含水层以新近沉积的砂、卵石层为主。渗透性强，地下水位较低。地下水的形成以沿古河道方向的侧向补给、径流排泄为主，总体径流方向为自永定河出山口呈辐射状分别向东北、东、东南等下游方向运动，在古河道范围内具有区域性统一的潜水面，局部受地下水开采或工程降水的影响，地下水位略有起伏。

该层水在北京市分布不连续，但涉及范围较广，除西郊外均有涉及，主要分布在深度10～30m范围的可能赋水层中，其中市中部主要以砂、卵砾石为主，北部和东部以砂土粉土和黏性土等细颗粒地层为主，低水位情况下不同位置之间的层间水层之间的水力联系较差。

潜水含水层在古河道地区岩性以圆砾和砂土为主，水位埋藏较深；在古河间地块黏性土、粉土和砂土互层地区，含水层岩性为粉土和砂土，具有多个含水层和多层潜水水位。在古河道与古河间地块分界部位，可以出现潜水水位的突变现象。

（3）承压水

该层水主要分布在北京市平原区中部、东部和北部，主要分布在深度30m左右以下的砂、卵砾石层中。地下水总体流向为自西向东，局部流向指向开采漏斗中心。由于平原区地下水多年超采，承压水头不断降低，在隔水层的作用下出现多个承压含水层、多个承压水头，当低于含水层顶板时成为层间水。

在西、北郊冲洪积扇顶部，地面以下至基岩的土层几乎全部为粗颗粒土，地下水性质为潜水，是平原区承压水的主要补给来源。本层地下水是北京市地下水开采的主要含水层之一。承压水的排泄方式主要为人工开采和侧向径流流出区外。

1.4.2 地下水动态变化规律

地下水的动态是本层地下水补给量和排泄量随时间动态均衡的反映。当地下水的补给量大于排泄量时，地下水位上升；反之，当地下水的补给量小于排泄量时，地下水位就下降。各层地下水的动态各有其特点。

（1）上层滞水

随季节大气降水及管道渗漏的变化而变化，不具有明显的多年连续升降趋势。在古河道水文地质单元，上层滞水几乎被疏干。在古河间地块水文地质单元，随着地面环境的变化，农田变为住宅小区，地面硬化，大气降水垂直渗入补给量迅速减少，上层滞水的水位逐年下降。在仍为农田的地区，地下水位仍然较高。

（2）潜水

其动态与大气降水关系密切。每年7至9月为大气降水的丰水期，地下水位自7月开始上升，9至10月达到当年最高水位，随后逐渐下降，至次年的6月达到当年的最低水位，平均年变幅为2～3m。一般情况下，潜水的动态受农田供水开采的影响，不直接受城市供水开采的影响，但由于潜水与承压水具有密切的水力联系，当承压水头降低时，越流补给量增大，潜水水位也随之下降。在西郊巨厚卵石层分布的潜水区，夏季暴雨渗入补给迅速，潜水变幅可达数米。

（3）承压水

其动态比潜水稍有滞后，当年最高水位出现在9至11月，最低水位出现在6至7月，年变幅约为1～2m。自20世纪70年代以来，随着工农业生产的迅速发展和城市的扩大，地下水开采量逐年增加，地下水位不断下降，已经形成分布面积达数千平方千米的区域性地下水位降落漏斗，漏斗中心位于城区东北部的天竺一带，水位埋深大于30m。

地下水的动态是本层地下水补给量和排泄量随时间动态均衡的反映。当地下水的补给量大于排泄量时，地下水位上升；反之，当地下水的补给量小于排泄量时，地下水位就下降。各层地下水的动态各有其特点。

1.4.3 水文地质条件分区

（1）水文地质分区依据

北京市区域工程地质水文地质条件分区主控要素为地形、地基土特性、地基土层分布规律、地下水分布规律、地震液化等。

本次地质分区主要针对北京市平原区，考虑到北京市近年已有大规模的建设，且现有的设备能力和技术水平在地形坡度较大地区进行建设已不构成问题，故分区中地形条件不再作为分区决定性要素，而是作为一般性主控要素与其他要素共同进行地质条件分区。

考虑到本市工程建设现状，同时为了最大限度地保护古城和重要地面文物建筑，未来一段时期内轨道交通建设预计会逐步呈现由目前的浅层、次浅层向深部地下空间拓展的趋势，因此本次地质分区不仅考虑地基土的上部土质情况，而且也考虑了深部地层分布规律及土质特点。

由于近年来本市地下水位逐年回升趋势显现，某些地区轨道交通建设过程中可能涉及多个含水层，对工程建设影响较大，因此，本次分区不仅考虑地下水位埋藏深度，还考虑含水层的分布规律。

地震液化主要发生在埋深20m以内的粉土、砂类土地层，在这个深度内的地层对工程建设有较大影响，因此把地震液化区列为工程地质水文地质条件分区的一个重要条件。

（2）水文地质分区特征

根据上述分区依据和考虑的主控因素以及北京市的工程特点，将北京市分为4个大区：Ⅰ区为地质条件良好地区，Ⅱ区为地质条件较好地区，Ⅲ区为地质条件一般地区，Ⅳ区为地质条件较差地区，见图1.10。

图1.10中代号说明见表1.4。

表 1.4　分区代号说明一览表

分区（亚区）代号	说　明
Ⅰ	地质条件良好地区
Ⅱ	地质条件较好地区
Ⅲ	地质条件一般地区
Ⅳ	地质条件较差地区
1	地基岩性上部以砂土、卵石为主或地形平均坡度大于5%，小于10%
2	地基岩性上部以黏性土、粉土为主
3	地基岩性为人工填土
a	地震时不会产生液化
b	地震时可能产生液化

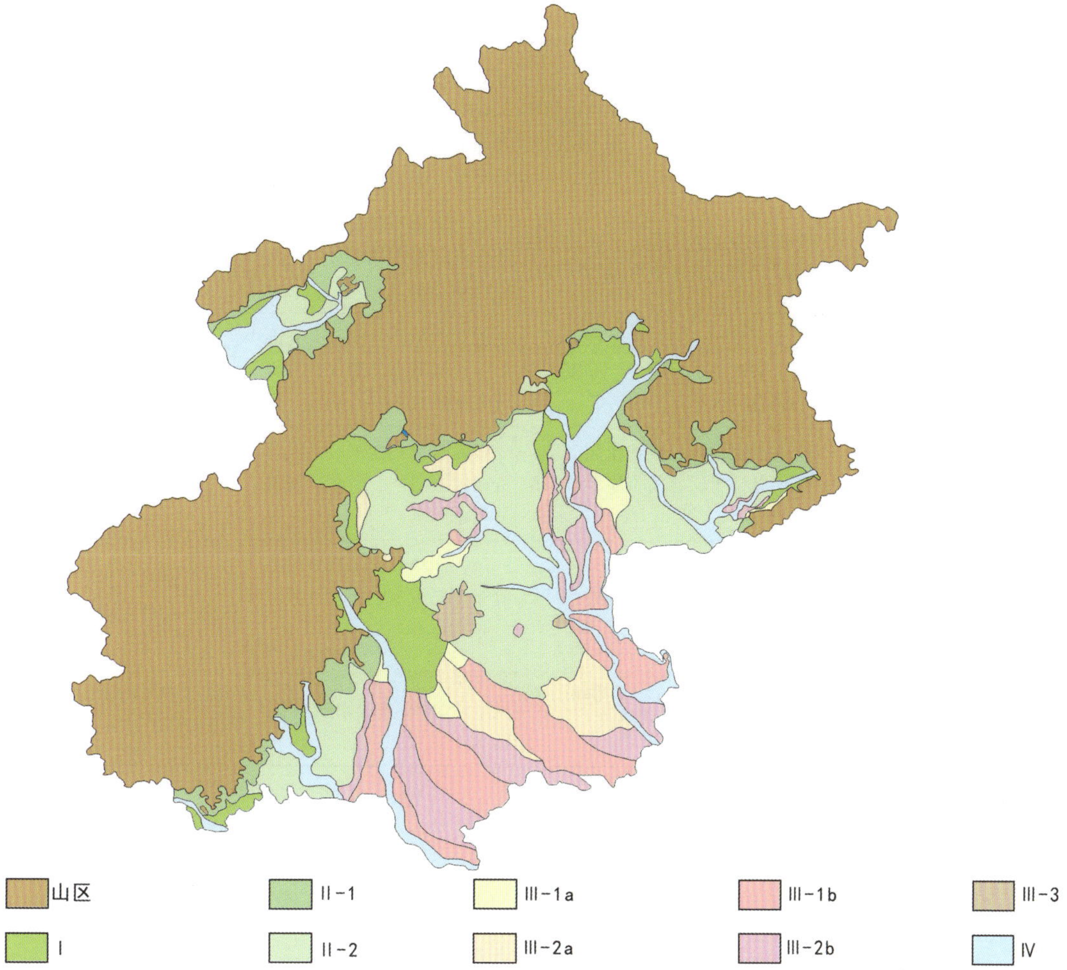

图1.10　北京市工程地质水文地质条件分区图

北京市地质条件分区特征见表1.5。

表 1.5　北京市工程地质水文地质条件分区特征

分区代号		地形及地貌	地基岩性	地下水状况	地震地质特征
Ⅰ		地形基本平坦，平均坡度2‰～10‰	主要为卵石、圆砾、砂土层，表层黏性土层和粉土层厚度一般小于7m	一般为单一含水层，地下水类型属于潜水	高水位情况下粉土、砂土一般不会发生地震液化
Ⅱ	Ⅱ₁	地形坡度较大，平均坡度5%～10%	表层主要为厚薄不等的黏性土层，其下为黏性土、粉土、砂土、圆砾、卵石与碎石等交互层	一般为非单一含水层，局部可能分布上层滞水	高水位情况下粉土、砂土一般不会产生地震液化
	Ⅱ2	地形基本平坦，平均坡度在1‰左右	主要为黏性土、粉土、砂土、圆砾与卵石交互层，表层黏性土层和粉土层厚度一般大于7m	一般为非单一含水层，浅部可能分布上层滞水或台地潜水，深部分布潜水、承压水	高水位情况下粉土、砂土一般不会产生地震液化

续表

分区代号		地形及地貌	地基岩性	地下水状况	地震地质特征
Ⅲ	Ⅲ1a	地形基本平坦，平均坡度小于1‰	上部以砂土、圆砾、卵石地层为主，表层黏性土层、粉土层厚度一般小于5m	一般为非单一含水层，局部分布上层滞水、潜水，深部分布承压水	高水位情况下粉土、砂土一般不会产生地震液化
	Ⅲ1b	地形基本平坦，平均坡度小于1‰	上部以砂土地层为主，表层黏性土层、粉土层厚度一般小于5m	一般为非单一含水层，浅部分布上层滞水、潜水，深部分布承压水	高水位情况下粉土、砂土可能产生地震液化
	Ⅲ2a	地形基本平坦，平均坡度小于1‰	上部以黏性土层、粉土层为主，表层黏性土层、粉土层厚度一般大于5m	一般为非单一含水层，局部分布上层滞水、潜水，深部分布承压水	高水位情况下粉土、砂土一般不会产生地震液化
	Ⅲ2b	地形基本平坦，平均坡度小于1‰	上部以黏性土层、粉土层为主，表层黏性土层、粉土层厚度一般大于5m	一般为非单一含水层，浅部分布上层滞水、潜水，深部分布承压水	高水位情况下粉土、砂土可能产生地震液化
	Ⅲ3	地形基本平坦，平均坡度1‰左右	上部为人工填土，厚度3～7m，其下为粉土、砂土、圆砾与卵石交互层	一般为非单一含水层，局部分布上层滞水、潜水，深部分布承压水	高水位情况下粉土、砂土一般不会产生地震液化
Ⅳ		系指现状河床与河漫滩	地基土层上部以砂土、圆砾、卵石层为主	在丰水季节地下水位变化较大，受洪水漫溢影响可能较大	下游或多条河流的交汇处砂土层可产生地震液化

1.5 不良地质作用

1.5.1 活动断裂

北京地区的地质构造格局是新生代地壳构造运动形成的，其特点是以断裂及其控制的断块活动为主要特征，新生代活动的断裂主要有北北东—北东向和北西—东西向两组，大部分为正断裂，并在不同程度上控制着新生代不同时期发育的断陷盆地，断裂分布多集中成带，全新世仍然活动的断裂多数位于北部（图1.11）。

从图1.11可以看出，中心城范围的断裂主要有5条，详细情况如下：

（1）八宝山断裂

该断裂总体呈北东50°～60°方向延伸，倾向南东，倾角20°～69°，全长100km。它平面上呈波状弯曲，展布于北京西山山麓和山前平原地带。八宝山断裂自中侏罗世开始发育，至早白垩世，主要表现为张裂运动，基本上控制了中生代盆地的西部边界。早白垩世末的燕山运动，使之转为挤压逆冲断层。在新生代，对北京断陷的控制作用逐渐被高倾角的黄庄-高丽营正断裂取代。

（2）黄庄-高丽营断裂

该断裂总体走向为北东—北北东，平面上呈舒缓波状展布于八宝山断裂的东侧，与八

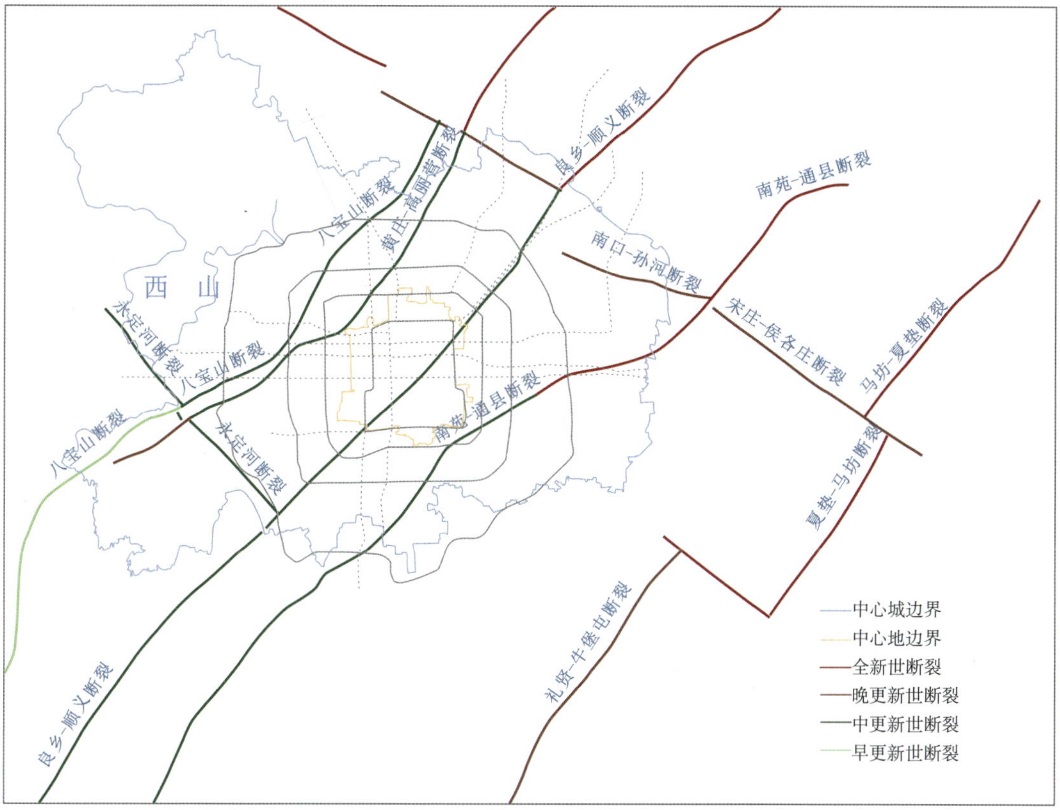

图1.11 北京市主要断裂分布及其最晚活动的地质年代

宝山断裂大致平行(图1.11)。断裂倾向南东，倾角55°~75°，全长约130km。黄庄-高丽营断裂在早白垩世开始发育，最深能控制下白垩统地层厚度的分布，根据该断裂控制的地层情况，沿线分三段，各段情况如表1.6所示。

表 1.6 黄庄－高丽营断裂对地层控制情况

分段	位置	控制地层
Ⅰ	芦井以南	白垩纪与古近纪—新近纪地层
Ⅱ	芦井-洼里	古近纪—新近纪以来沉积层
Ⅳ	洼里以北	第四纪沉积层

黄庄-高丽营断裂在新生代基本上取代了八宝山断裂而构成北京地堑的西边界。

(3)顺义-前门-良乡断裂

顺义-前门-良乡断裂是一条发育于北京地堑内部的隐伏断裂，该断裂北起荣各庄一带，往南经顺义、天竺、东单、丰台东、良乡、交道至塔上一带与南苑-通县断裂汇合，是北京地堑区内部规模最大，延伸长达百余千米的隐伏断裂。顺义—孙河段走向NE30°～40°，倾向南东，为高倾角正断裂。

（4）南苑–通县断裂

南苑–通县断裂北起平家疃一带，向南经定福庄附近，沿南苑、芦城、里渠、柳村、刁窝、塔上的南皋店一线展布，长约110km。断裂平面呈S型，总体走向35°～45°，倾向北西，倾角50°～75°，以高碑店为界分为南北两段。北段断裂倾向北西，倾角较陡，断裂错断了第四系中、下部地层；南段断裂未错断第四系地层。

南苑–通县断裂虽为北京断陷和大兴隆起的分界断裂，但对断陷内新生代地层无明显控制作用。

（5）南口–孙河断裂

南口–孙河断裂是北京北部平原区一条重要的隐伏断裂，西起南口，沿七间房、旧县、百泉庄向东南延伸，经白浮、上东廓北、东三旗至孙河镇东北，全长约58km，总体走向300°～310°。南口–孙河断裂形成于前中生代。燕山运动后期，断裂活动使中侏罗统的沉积边界右旋位错达3km。同时，断裂西南盘有一系列燕山晚期的花岗岩侵入。自第四纪以来，断裂再度明显活动，表现为西南盘的断陷活动。

上述5条断裂在很大程度上控制了中心城深部的基岩地层（尤其是新生代的基岩）分布规律，南口–孙河断裂北部活动端对深部地下空间开发利用存在一定影响。

1.5.2 大面积地面沉降

根据北京市地面沉降的长期观测资料，北京市地面沉降的发展可分为如表1.7所列的7个阶段。

表 1.7 北京市地面沉降的发展情况

沉降阶段	沉降发展过程	沉降速度或累计沉降量
地面沉降初级阶段（1935—1966年）	1935年就已经发生了地面沉降，仅在西单–东单地区零星分布	年沉降速度小于5mm
地面沉降区的形成阶段（1967—1973年）	东郊八里庄—大郊亭、东北郊的来广营—酒仙桥一带初步形成区域性沉降区，面积达400km^2	年沉降速度16～28mm
地面沉降的发展阶段（1973—1983年）	随着工农业和城市建设的发展，地下水开采量越来越大，导致地下水位大幅度下降，地面沉降加速发展，形成哑铃状的南北两个沉降中心，南部地面沉降中心在东郊八里庄—大郊亭一带，北部地面沉降中心在来广营一带。地面沉降面积扩展到600km^{2}以上	最大累计沉降量达到590mm
沉降缓慢发展阶段（1983—1986年）	地面沉降面积扩大到800km^2	最大累计沉降量达到665mm
新的地面沉降扩展阶段（1987—1999年）	20世纪90年代中后期，由于连年的干旱少雨，使得地下水位普遍下降，地下水漏斗范围进一步扩大。沉降面积迅速扩大，沉降区向郊区迁移。东郊、东北郊沉降区速率逐渐变缓。在通州、顺义等地区形成了新的沉降区	平原区累计沉降量大于100mm的面积达1826km^2

续表

沉降阶段	沉降发展过程	沉降速度或累计沉降量
地面沉降快速发展阶段（1999—2014年）	原有沉降区持续发展，新的沉降区逐渐形成，沉降区面积不断扩大	累计沉降量大于100mm的沉降区面积达2815km^2
地面沉降发展新阶段（2014年以来）	自2014年南水北调工程全面通水，用水格局的改变使地下水位回升和地面沉降整体减缓，局部出现回升现象	回弹面积达 853km^2，平原区年沉降速率大于 50mm 的区域面积减小 547km^2

北京市地面沉降主要发生在市区、东郊、南郊、东北郊、北郊及周围一些卫星城市。分布呈南北两个大区，北区主要分布于城区东南的朝阳区、通州区以西、昌平区以南、顺义区的西南部；南区主要分布于大兴区南部的庞各庄、榆垡、礼贤等地。总体来说，目前已经形成了5个地面沉降区：①位于北京市东郊的八里庄-大郊亭地面沉降中心；②位于北京市东北郊的朝阳区来广营地面沉降中心；③位于北京市北郊的昌平区沙河-东三旗地面沉降中心；④位于北京市东北郊的顺义平各庄地面沉降中心；⑤位于北京市南郊的大兴区庞各庄-榆垡地面沉降中心。按五个沉降中心的平均地面沉降速率，分析各沉降中心的发展趋势，可将5个沉降中心的发展趋势划分为4种类型：

（1）先快后慢，再快

八里庄-大郊亭的沉降中心属于此类型，如图1.12a所示，1953—1983年，沉降速率持续增大；1983—1999年，由于国家节水政策的实施，地下水的开采得到控制，地下水位回升，沉降速率减小；1999—2005年，年沉降速率快速增长，且增幅较大。

（2）先快后平缓，再快

朝阳区的来广营沉降中心属于此类型，如图1.12b所示，1966—1999年，沉降速率基本保持在15～20mm/a，沉降的发展速度稳定；1999—2005年，沉降速度快速增加。

（3）先平缓后增加

昌平沙河-八仙庄沉降中心属于此类型，如图1.12c所示，1983—1999年，沉降速率一直保持在30mm/a左右，沉降速度稳定；1999—2005年沉降快速增加。

（4）快速增加

大兴榆垡-礼贤和顺义平各庄沉降中心属于此类型，如图1.12d所示，1987—2005年，沉降速率逐渐增加，沉降快速发展。

对上述五个沉降中心的发展趋势的研究可知，1999—2014年期间，各沉降中心的沉降速率都处于加快期，造成各沉降中心全部呈现上升趋势，改变了原有的沉降中心的发展趋势。

随着2014年南水北调工程的全面通水，以及地表水系的生态补水工程的推进，北京地区地下水得到补充，地下水位有所抬升，如图1.13，地表沉降情况有所改善，如图1.14所示。2012年沉降中心的速率达到最大，随后各沉降中心的沉降速率逐步减缓，2017年以后

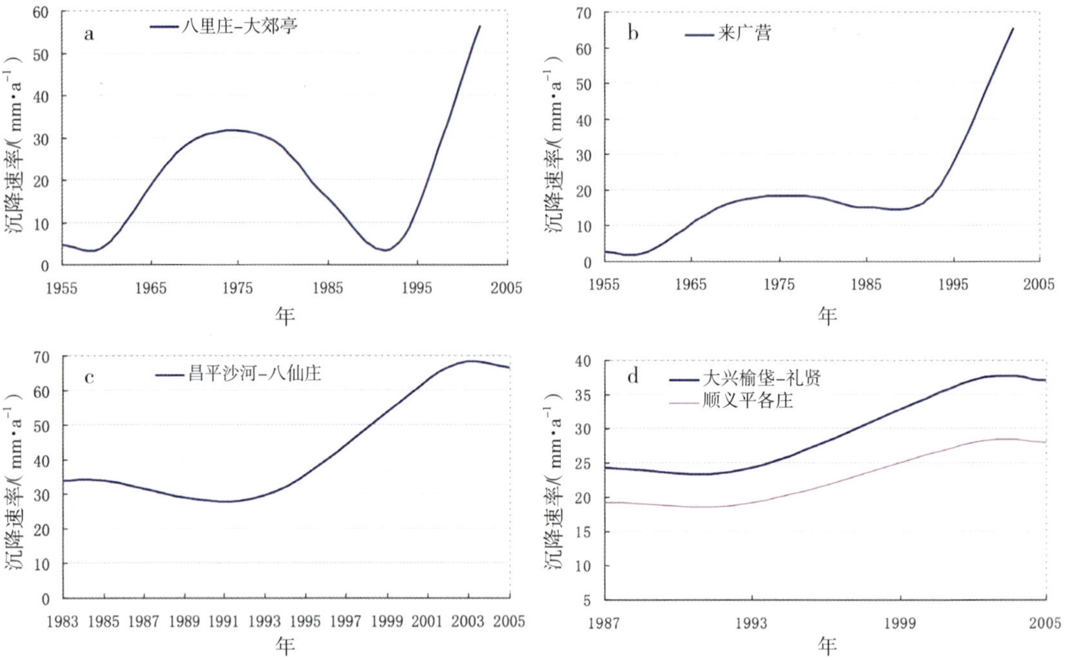

图1.12　北京市各沉降中心发展趋势的类型

a—先快后慢，再快型沉降中心；b—先快后平缓，再快型沉降中心；

c—先平缓后增加型沉降中心；d—快速增加型沉降中心

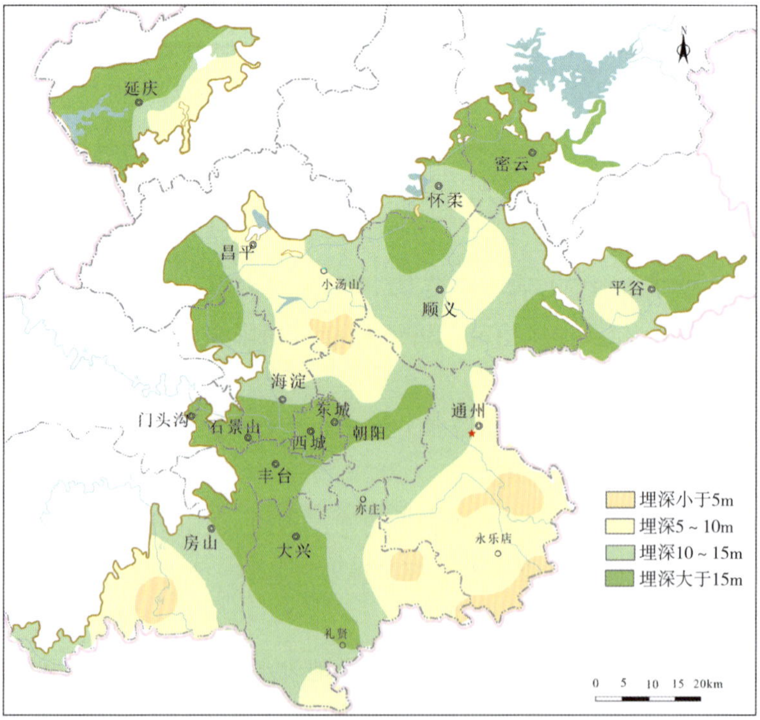

图1.13　北京市地下水位分布图

（据北京市地质环境监测所成果）

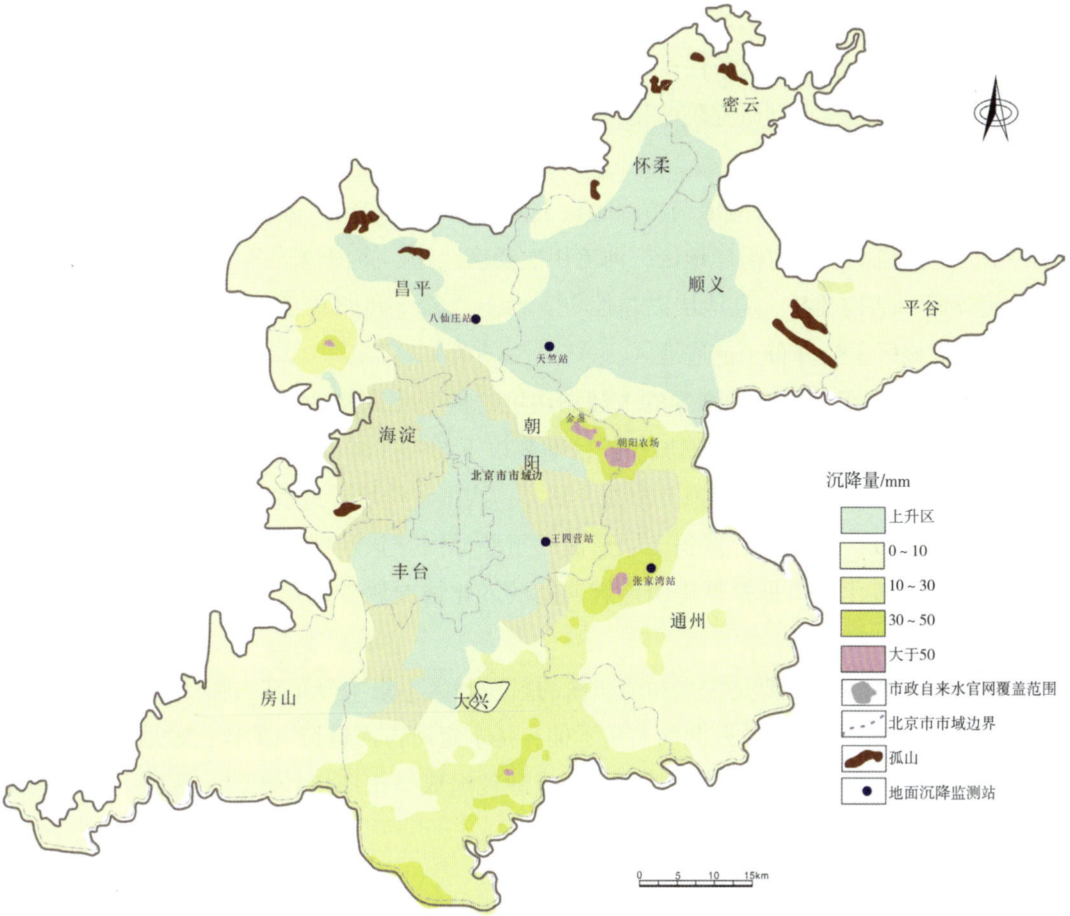

图1.14　北京市2021年地面沉降情况图
（据田苗壮等，2022）

南水利用效果逐步显现，沉降速率呈快速减缓趋势。目前东部和北部处于快速减缓期，在用水格局的改变条件下，南水替代地下水的同时，持续开展潮白河与永定河地下水回补工作，部分区域发生回弹现象，有效地控制地面沉降快速发展，而朝阳金盏、黑庄户和大兴沉降中心，未受地下水回补影响和南水替代，中心沉降速率依然较大。

1.5.3　砂土液化

饱和的粉土或砂土液化是地震效应中重要的表现形式之一。在以往的以北京中心区为主的北京建设中，由于城市中心区一般并不存在液化问题，因此对其研究关注不多。但是，在未来轨道交通建设中可能会涉及中心区以外的一些地段，因此应研究这些地段的液化可能性。

根据砂土地震液化的机制，一般认为，砂土的成分、结构以及饱和砂层的埋藏条件这3个方面需具备一定条件才易于液化。凡具备上述易于液化的条件而又在广大区域内产出的砂土层，往往具有特定的成因与时代特征。归纳起来砂土液化的影响因素有三大类：一类是动荷条件；一类是埋藏条件；另一类是土性条件。

根据北京市勘察设计研究院的相关研究成果，北京地区可能产生砂土液化的区域大致分为三类：

1）北京平原的现代河漫滩与古河道。北京地区在潮白河、温榆河、沟错河、永定河和小中河等河流的中下游沿岸地区，河流历次泛滥改道，古河道较多，地势低洼，地层沉积年代较短、结构疏松，且地层以黏性土、粉土、砂土和卵石互层为主，地下水埋藏较浅，因此液化区主要分布于上述地区。

2）主要分布于旧城区的湮废的古河湖沟坑。由于北京悠久的文化历史、三千多年来人类活动和城市发展变迁，在旧城保护区地表以下约7m（局部可达10m）深度范围内分布着全新世以来湮埋的古河流故道及湖泊、沼泽、沟渠、洼坑。这些背景条件有别于旧城保护区以外的区域，也是新近沉积土层形成的重要原因。该地区的近代粉细砂在高水位情况下可能发生液化，但是根据唐山地震期间的液化情况调查以及相关研究，液化现象不明显。

3）特殊地貌区，主要是大兴和通州区的风积砂区。集中分布在大杜社、牛堡屯一线，柴厂屯以西也断续出现，由西北向东南延伸，是永定河古河道经风的作用就地起砂堆积而成。由于为风积物，因此颗粒主要由粉粒或砂粒组成，土质比较均匀，孔隙大，结构疏松，为动荷下发生液化提供了可能条件。

1.5.4 地裂缝

北京地区的地裂缝主要与地震、地面沉降、断裂构造、采空塌陷等有关，是自然和人为综合作用的结果。目前，北京市的地裂缝主要发育在顺义城区周边、高丽营及北小营地区，位于顺义平各庄地面沉降区。其延伸方向与黄庄–高丽营断裂和良乡—顺义断裂相一致，呈北东向展布。顺义地裂缝南起塔河，向北东沿至木林，基本上沿着NE30°～55°方向分布，影响总长度约25km，但在塔河–顺义城区的2～3km地段内，地裂缝表现得最为明显，裂缝带宽度达200m左右，已造成百余间厂房、民房受损。高丽营地裂缝发现于20世纪90年代，主要分布在西王路村、唐自头村、土沟村，延伸长度2500m左右，裂缝带宽度达300m左右，在西王路村表现最为明显，其总体走向为北东向45°～60°，已造成建筑物开裂变形，如图1.15所示。

地裂缝可使公路、管道等线路工程和水利工程设施遭到破坏，使建筑物开裂，造成经济损失和人员伤亡。

1.5.5 采空塌陷

采空区是由人为挖掘或者天然地质运动在地表下面产生的“空洞”，北京地区的采空塌陷主要是由采矿引起的，集中分布在北京西部的房山区和门头沟区，主要类型有塌坑、

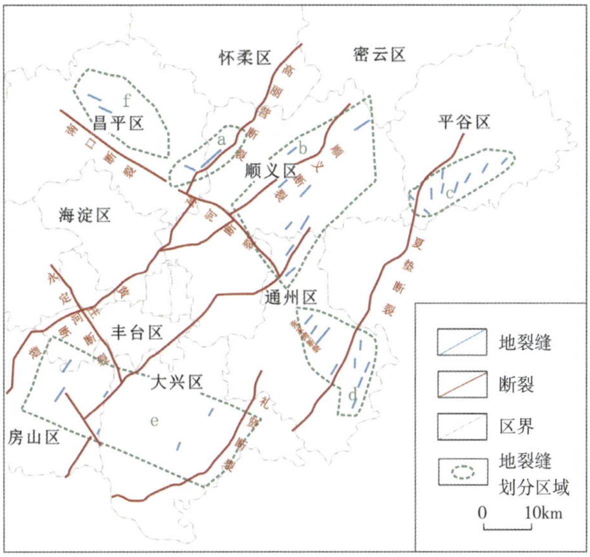

图1.15　北京市断裂带及地裂缝分布
（据刘方翠等，2016）

地裂缝、山体滑坡、地面不均匀沉降等，具有隐蔽性强、分布广、危险性高、危害性大、预防和治理难度大等特点。采空塌陷易破坏房屋、铁路、公路、水库等工程设施，造成房屋倒塌、道路中断、水库漏水、大坝和堤防陷落开裂，危害人民生命、造成财产损失。采空区的存在使得矿山的安全生产面临很大的隐患，人员与机械设备都可能掉入采空区内部受到伤害。

1.5.6　地层空洞

地层空洞对地铁工程的危害已经是众所周知，轻则引起地表变形，重则引起塌陷、人员伤亡、房屋倒塌，如图1.16所示。

图1.16　某地面坍塌现场

北京地区的空洞成因大致为以下三种：

1）历史时期备战备荒：这类空洞埋深不大，大约在地表下3～4m，平房或小巷内，无支护措施，也无资料记录。

2）管线、降水等施工的后遗问题：城区地下管线密集且埋设年代较早，在管线渗漏的长期作用下，可能形成渗漏漏斗，管线周边土层已经虚空或呈软塑状态。同时，沿线的新建建筑物埋深较大，在施工过程均采取了降水措施，有的采用的还是辐射井降水，易引起地层损失从而产生空洞。

3）在地下水强烈开采区，水力坡度变大，地下水的流速加快，在砂卵石层与黏性土接触位置可发生细颗粒流失现象，形成网络状洞穴，当采用注浆等工程措施的时候可出现严重漏浆现象。

1.5.7 崩塌、滑坡、泥石流

北京市崩塌规模一般为几至几十立方米，不仅直接形成灾害，往往触发或演变为泥石流，主要分布在延庆东部、怀柔中部、密云西部和西北部，其他地区则零星分布。崩塌常导致道路中断、堵塞或坡脚处建筑物毁坏倒塌，如发生洪水还可能直接转化成泥石流。

北京地区大型滑坡比较少见，目前新产生的滑坡多是由人类工程活动引起的。主要分布在门头沟、房山、延庆、怀柔、昌平和平谷等地区。另外，汛期经常会出现较多的山坡表浅土层的小型滑坡。滑坡不仅破坏地质环境，而且导致人员伤亡，毁坏房屋、公路、铁路等工程设施，给国家和人民造成很大损失。

对于地裂缝、地面沉降、采空塌陷、空洞、泥石流、崩塌等地质灾害，勘察时重点采取现场地质调查、收集资料、物探等手段查明其分布范围、深度、走向、发展程度及变化趋势。轨道交通均为百年重点工程，一般建议进行地质灾害评估。

泥石流是北京地区最为严重的地质灾害之一，其突发性强、危害大、损失严重。目前山区泥石流分布广泛，有9个区存在泥石流隐患。泥石流以淤埋、冲刷、撞击等形式直接对建筑物道路、桥梁、水利工程、电力设施等造成破坏，夺去生命，冲毁财产，并危害下游地区的村庄、农田、矿山、企业、学校、水源地等。据不完全统计，自1949年以来，北京地区共发生严重泥石流灾害10余次，造成约500人死亡，经济损失达数亿元。

2　北京地区典型地质条件分布特征及风险特征

2.1　典型地质条件分布、工程特性及易发风险

2.1.1　填土及地层空洞、水囊

（1）填土及地层空洞、水囊定义及分类

填土是人类活动过程中堆填而成的堆积体。根据物质组成和堆填方式，北京市常见的填土可分为三类，即：素填土、杂填土和压实填土。填土层中容易产生地层空洞或水囊。

填土在北京地区表层普遍分布，一般厚度1～2m，但在二环以内的老城区因人为改造历史较长局部填土厚度较大。填土物质成分较杂乱，均匀性差，根据组成物质或堆积方式，又可分为素填土(碎石、沙土、黏性土等)、杂填土(含大量建筑垃圾的房渣土及工业、生活废料)、冲填土(水力充填)及压实填土(分层压实土)等。由于填土堆积条件上的差异，它的分布范围和厚度变化缺乏规律性，往往在一个小范围内变化较大。多数是一种欠压密的土，一般具较高的压缩性、较低的强度、较大的变异性，难以在工程中利用。其成分复杂，力学性质差异较大，同时抗剪强度低。

素填土由碎石土、砂土、粉土和黏性土等一种或几种材料组成，不含杂物或含杂物很少；杂填土：含有大量建筑垃圾、工业废料或生活垃圾等杂物；压实填土：按一定标准控制材料成分、密度、含水量，分层压实或夯实而成。

地层空洞是指填土层中，因自然和（或）人类活动因素形成的一定范围内的明显疏松地层区段或部位。城市地下空洞形成的原因较为复杂，在北京地区主要是陈旧的市政管线渗漏或者地下管井、人防工程等早期废弃构筑物形成地下空洞，当地下空洞的充填物为水时即为水囊。

（2）填土及地层空洞、水囊分布特征

受不同历史时期人为活动影响，北京市的填土层在旧城区和近郊区均有分布，且厚度和岩性的分布很不均匀，年代可长可短。一般在旧城区和近郊区人口密集的地方，人工填土厚度较大，如在北京辽、金代旧城区域，填土厚度可达9m左右；二环以内填土厚度一般为3～6m；在一些湮没的河、湖、沟、坑地区，填土厚度可达10m左右。近郊区人工填土厚度较小，一般为2～3m；在北京市西部取土坑、采砂（石）坑区域，填土厚度可达到10m以上。

北京市的地层空洞主要由人类活动产生，常存在于以下部位：基坑开挖出现过流土、

流砂的部位以及基槽回填不密实的部位；隧道开挖后，隧道顶部土体发生沉降与上部硬壳层之间的地层空隙段；市政道路下方，特别是管线密集区、暗渠集中区，存在老化管线、渗漏管线、管线肥槽以及路基回填不密实的部位；或管道施工封堵注浆不严，水流冲刷形成的部位；年久失修的人防工程部位等。

水囊多分布于以下区域：在杂填土面积大、土层厚、含水量高、地下水丰富的城区，由于市政地下管线众多，部分遗留废弃管线仍有不明水体排出的区域。在老旧城区，且有陈旧废弃地下结构洞室和市政给排水管线分布的区域。北京地区水囊多分布于陈旧废弃地下结构洞室和市政给排水管线的分布区域，因此多分布于老旧城区。轨道交通施工过程中曾因水囊诱发工程事故的线路包括4号线与10号线换乘站黄庄站、10号线熊猫环岛站、10号线呼家楼站—光华路站区间等。

（3）填土及地层空洞、水囊岩土工程特性

1）填土的特性主要为不均匀性、自重压密性、湿陷性以及低强度高压缩性。

不均匀性：填土由于其组成成分复杂，回填的方法、时间和厚度的随意性和不均匀性十分突出，尤以杂填土最为严重。而素填土组成物质比较单一，均匀性较杂填土略好。

自重压密性：填土是一种欠压密土，在自身重量和大气降水下渗的作用下，有自行压密的特点，其自重压密所需的时间长短与填土的物质成分和颗粒组成有关。

湿陷性：填土由于土质疏松，孔隙率高，在浸水后会产生较强的湿陷。新填土的湿陷性比老填土大，在生活垃圾填土中含炉渣灰较多的杂填土，湿陷性较强。

低强度和高压缩性：填土由于土质疏松、密度差、固化程度低，其抗剪强度低，承载力也低，而填土的压缩性则很高。

2）地层空洞、水囊：地层空洞部位地层结构差，地层强度和抗变形能力差，易造成地面塌陷，具有隐蔽性和突发性、不确定性和时间性等特点。地层空洞往往充填地下水，形成水囊。每年7—9月，雨量较大，也是地层空洞形成的高发时期。近年来，北京市发生的道路地面塌陷大多是由地层空洞引发的，如5号线立水桥站B2出站口地面沉陷、北京市八里庄地面塌陷等。

（4）填土、地层空洞的风险分析

1）由于填土土质疏松、密实度差、抗剪强度低，对基坑支护极为不利，若基坑外侧分布有填土坑，措施不当，会引起基坑坍塌。

2）由于轨道交通隧道大部分位于城市及道路管线下方，道路和管线大部分以明挖施工为主，特别是雨水、污水管道，回填土厚度大，若回填质量不好，回填土的密实度差，自稳性很差，当地铁隧道施工时，易发生坍塌，污水管破裂，污水涌入隧道。

3）地铁车站主体一般埋深较大，人工填土一般在浅部，因此对主体施工影响较小；而出入口埋深较小，人工填土的承载力低，且不均匀，一般需要进行换填处理。

4）对于车辆段，主要以浅基础和路基为主，人工填土的密实度差，均匀性差，往往车辆段建筑需要进行地基处理，若处理不好，会造成轨道沉降、房屋开裂等事故。

5）对于地面线，由于填土的不均匀性、湿陷性和高压缩性，路基运营一段时间后，会出现不均匀沉降，如图2.1所示。

图2.1　由于厚层填土处理不当造成的轨道道床下沉

6）近年来，北京市发生的道路地面塌陷大多是由地层空洞引发的，如5号线立水桥站B2出站口地面沉陷、北京市八里庄地面塌陷等，如图2.2所示。

图2.2　地层空洞引发的地面塌陷图

7）拟建工程附近或施工范围内赋存水囊时，如处理不当，在基坑开挖过程中会遇到各种问题，如基坑支护结构变位过大、墙面露筋、柔性接头渗水、涌砂，甚至基坑或隧道坍塌等，严重影响到基坑自身和周边建筑物的安全，影响地下结构的使用效果。

2.1.2　砂性土

（1）砂性土定义及分类

砂性土是粗砂、中砂、细砂、粉砂和砂质粉土等地层的统称。根据砂土层是否含水、密实度、可液化性和容易导致施工风险差异性等，可细分为无水砂土层、富水砂层（根据其是否具有承压性可细分为潜水砂层和承压水砂层）和饱水粉砂粉土层。

（2）砂性土分布特征

无水砂土层：在北京平原区的中部、南部和北部的大部分地区，较广泛分布着这类相对浅层分布、厚度较大、无地下水、密实度相对较低的砂土层。

富水砂层：在北京平原区的东部地区，特别是通州和亦庄地区，富水砂土地层分布较广，地层岩性主要为细砂和中粗砂，且厚度较大。

饱水粉砂粉土层：北京平原区东、南、北三面及五环与六环之间，局部区域分布有液化等级不同的饱水粉砂粉土层。

（3）砂性土岩土工程特性

无水砂土层：因其无地下水或地层含水率较低、密实度相对较低、自稳性差，开挖过程容易发生地面沉降和坍塌。

富水砂层：其岩土工程特性是地下水丰富、自稳性差、流动性强、砂层渗透性大，且地层厚度较大、较连续、均匀，开挖过程容易发生突水涌砂和坍塌。

饱水粉砂粉土层：其岩土工程特性是地层松散、自稳性差、震动条件下易液化，开挖过程容易发生突水涌砂和坍塌。

2.1.3 大粒径土

（1）大粒径土定义及分类

大粒径土是指在第四纪地层中，以卵砾石为主，局部含漂石或孤石的粗碎屑堆积物。可分为卵石（含漂石）层和砾石层。卵石（含漂石）层是以卵石、漂石为主的地层，含有砂土及少量黏性土的粗碎屑堆积物。砾石层是以砂砾石为主的地层，体现出砂、砾石、卵石互层沉积的特性，多数情况下富含地下水，地下水类型为潜水-承压水或承压水。根据地层含水的特点，将大粒径土层分为西部卵石（含漂石）区域与东部富水砂卵石区域。

（2）大粒径土分布特征

西部无水卵石（含漂石）层：主要分布于北京市西部平原区即永定河冲洪积扇的中上部，多为单一的第四系砂卵石层（局部含漂石或孤石）的粗大颗粒沉积物。向东渐变为黏性土、粉细砂互层和深部砂卵砾石层或基岩的多层地层状态或细小颗粒沉积物。该类地层在北京市西部，最大颗粒可达40cm以上，如卢沟桥地区和石景山首钢一带；西部或西南部、北部或西北部，会有少量黏性土的砂卵石地层和全断面的砂卵石地层，地层含砂率在25%～40%之间；西部、南部和北部邻近山区的区域，卵石粒径较大，会出现比较集中的漂石、孤石（如地铁西郊线、16号线、9号线、6号线西延、10号线二期的部分标段）。

东部富水砂砾石层：多位于北京市中东部平原区，即河流冲洪积扇的中下部。以砂、砾石、卵石互层为主，地下水类型为潜水-承压水或承压水含水层。其中，东南部以厚层黏性土、粉土、粉细砂层互层和较深部的砾石层为主。如东二环-东五环范围内，富水砂、砾石地层呈互层状典型分布，典型地层剖面如图2.3所示。

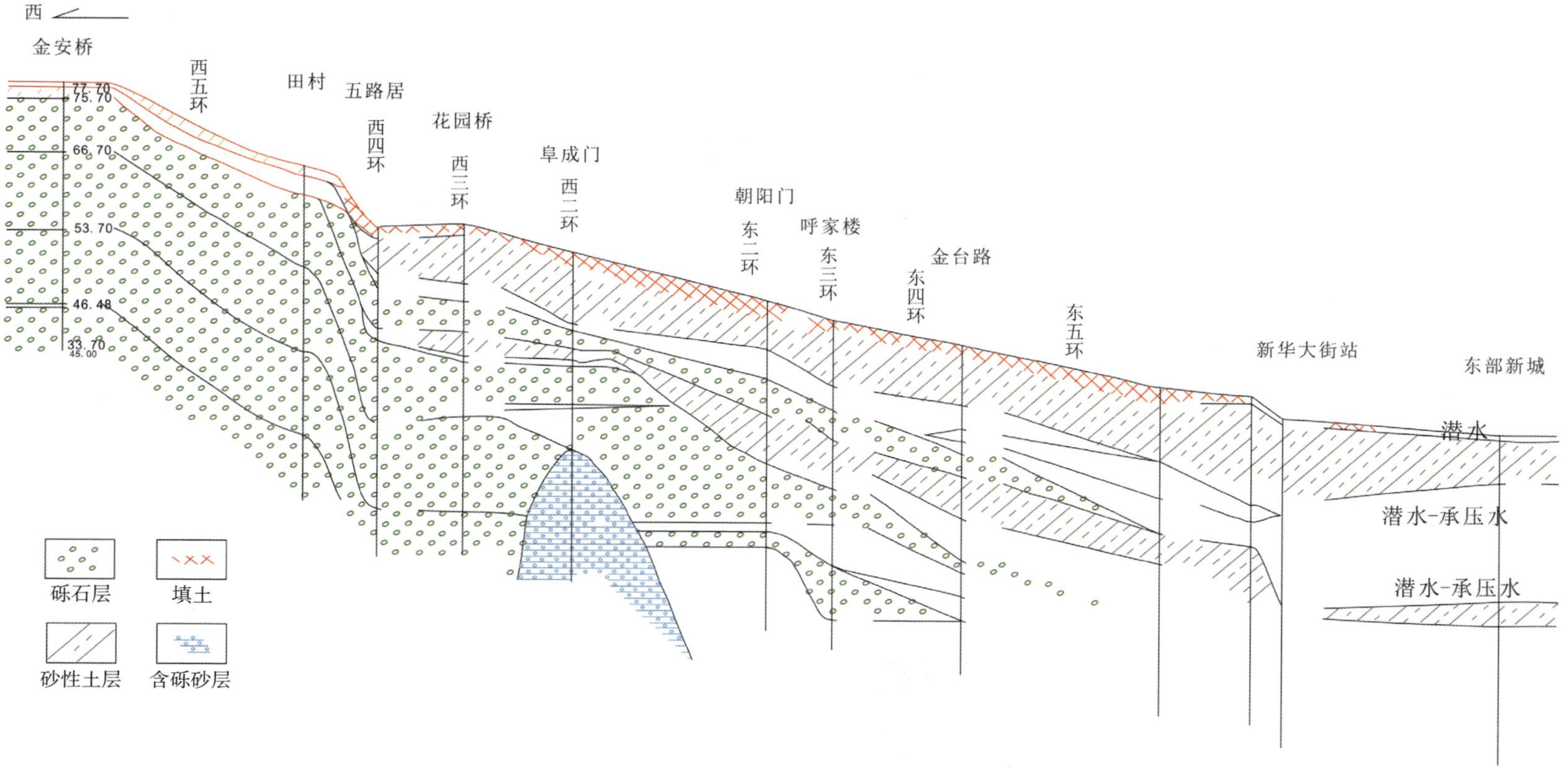

图2.3　北京平原区自西向东地层剖面图

（3）大粒径土岩土工程特性

卵石（含漂石）层：卵石（含漂石）层具有内摩擦角大，几乎无黏聚力，强度高和流塑性差等特性，自稳能力差、渗透系数大、颗粒点对点传力、颗粒强度高、颗粒间空隙大、颗粒粒径分布范围广等特性。卵石（含漂石）层土体成拱效应明显，土体内会形成空洞；卵石（含漂石）层是力学不稳定的地层，地层损失量较大，开挖面容易整体失稳或局部失稳；卵石（含漂石）层中施工引起的变形有滞后效应和突发效应。因卵石、漂石强度高，密实、颗粒间摩阻力大，会对盾构刀盘刀具造成严重磨损；大粒径颗粒分布不均匀，对刀盘刀具的耐磨和抗冲击性能要求极高；因其结构松散、胶结性差，开挖后土体易受扰动，不利于开挖面稳定；地层颗粒之间空隙大、黏聚力低，地层反应灵敏，隧道开挖卸荷后，打破了初始平衡状态，若建筑间隙不及时充填或填充不密实，地层损失过大时，会引起大面积的地面沉降或局部地面塌陷。

砾石层：砾石层具有内摩擦角大、无黏聚力、透水性好、富水量大、渗透性强、自稳性差的特点，开挖过程中极易出现涌水、涌砂和坍塌。因砾石层透水性好、富水量大，采用降水措施的明挖基坑，易发生细颗粒土流失，引起流土、流砂现象，进而发生基坑边坡坍塌；因渗透性大，可能导致盾构施工中土体在螺旋排土器中不易形成“土塞”，一方面难以调节土舱土压力，另一方面高地下水压力还会引发“喷涌”事故，易造成开挖面失稳。砾石层多为砂卵石互层状，卵石以砂充填，无黏聚力，作为隧道拱顶土层无法形成自然应力拱，在地下水作用下极易塌落。

富水砂卵石地层多位于河流冲积扇的中下部，体现出砂、卵石互层的沉积特点。富水砂卵石地层具有内摩擦角大、无黏聚力、透水性好、富水量大、渗透性强、自稳能性差的特点，开挖过程中极易出现涌水、涌砂和坍塌。

（4）大粒径土的风险分析

北京市西部、南部和北部邻近山区的区域，卵、砾石粒径一般较大，西二环地下隧道、西郊线、地铁16号线、9号线、6号线西延、10号线二期位于北京西南部，相对比较集中的大漂石出现的可能性也较大，地下水一般位于地铁隧道底板之下。

卵砾石地层稳定性较差，不易成拱，在竖井侧壁破除马头门或开挖时，极易造成地层稳定性破坏，导致坍塌，引起地面沉降。大管棚、小导管超前支护施工、成孔困难，难度非常大，如遇到漂石更是难上加难。由于大粒径卵砾石地层强度差异大，大颗粒卵石随机分布，因此钻进时钢管很难控制偏斜，容易发生偏离预定轴线情况。

富水砂卵石地层透水性好、富水量大，采用降水措施的明挖基坑，极易存在疏不干效应，引起的基坑侧壁渗水会导致细颗粒土流失，发生流土、流砂现象，进而发生基坑边坡坍塌。富水砂、卵石地层多以砂卵石互层状、卵石以砂充填，无黏聚力，作为隧道拱顶土层无法形成自然应力拱，在地下水作用下极易塌落。除了地层扰动外，富水砂、卵石地层也容易引起开挖面的失稳。此类地层具有较强的渗透性，土体在螺旋排土器中不易形成

“土塞”，一方面造成难以调节土舱土压力，另一方面高地下水压力还会引发“喷涌”事故，造成开挖面失稳破坏，严重影响施工安全。

2.1.4 细粗粒土组合地层

（1）细粗粒土组合地层定义及分类

细粗粒土组合地层是指在工程开挖深度范围内，由第四系黏性土、粉土等细粒土和砂土、卵砾石等粗粒土构成的一种地层组合结构。根据上下地层岩性分布及其地下水赋存情况的不同，可进一步细分为多种组合地层类型，如：上部粉土下部黏性土层；上部砂性土或卵砾石层下部黏性土层；上部黏性土下部粉土层；上部黏性土下部砂性土或卵砾石层等。

（2）细粗粒土组合地层分布特征

上部粉土下部黏性土层、上部黏性土下部粉土层的地层组合结构主要分布在北京地区的北部、东部和南部，且相对浅部地层中；上部砂性土或卵砾石下部黏性土层、上部黏性土下部砂性土或卵砾石层主要分布在北京地区的中部、东部和南部，且相对深部地层中。北京轨道交通细粒土组合地层分布见表2.1。

表 2.1 北京轨道交通线路黏性土粉土砂土组合地层结构分布可能性分级表

可能分布线路	黏性土粉土砂土组合地层结构分布
1号线	中段、东段普遍分布，西段不分布
2号线	北部东段、东部、南部东段普遍分布
3号线	中段、东段普遍分布
4号线	普遍分布
5号线	普遍分布
6号线	中段、东段普遍分布
7号线	中段、东段普遍分布
8号线	普遍分布
9号线	不分布
10号线	北部东段、东部，南部东段普遍分布
12号线	西段罕见分布、中段偶尔分布，东段普遍分布
13A线	普遍分布
13B线	普遍分布
14号线	中段、东段普遍分布
15号线	普遍分布
16号线	北段普遍分布，中段偶尔分布
17号线	普遍分布

续表

可能分布线路	黏性土粉土砂土组合地层结构分布
19号线	北段偶尔分布，南段罕见分布
28号线	普遍分布
燕房线	不分布
房山线	不分布
S1线	罕见分布
西郊线	罕见分布
亦庄线	普遍分布
大兴线	普遍分布
新机场线	北段偶尔分布，南段普遍分布
八通线	普遍分布
首都机场线	普遍分布
昌平线	普遍分布
平谷线	北部东段东部，南部东段普遍分布

注：根据不良地质分布可能性，分级定为普遍、偶尔、罕见、不分布，若线路穿越多个地质单元，可以按线路分段，例如14号线西段、中段、东段等

（3）细粗粒土组合地层岩土工程特性

北京地区北部、东部及南部古河道地貌范围内，浅层的上部地层多为新近沉积土层，深度5～15m不等，以黏性土、粉土、砂土互层为主，东部砂土占比较高。上述地层中黏性土层结构性差、压缩性高、均匀性较差、抗剪强度低，遇扰动极易变形；粉土、砂土处于稍密和中密状态，多具液化潜势，深度为10m以下且多处于饱水状态。

中部地区砂卵石层分布相对较浅，深度为15m以下即有分布，密实度为中等到密实，粒度中等、强度较高，工程性质相对较好，多与黏性土、粉土互层，其与粉土、砂土一起组成该区域潜水的主要含水层，深度约30m以下一般为承压水的含水层。

北部、东部、南部地区卵石层分布深度较大，一般分布在深度30m以下，且颗粒粒径较小，其与同深度的粉土、砂土组成高承压水的含水层。

2.1.5 新近沉积土地层

（1）新近沉积土定义及分类

新近沉积土是指第四纪全新世中、晚期形成的一类特殊土层（北京地区新近沉积土是距今2000～7000年形成的）。常含有人类文化活动产物（如砖瓦片、木炭渣、陶瓷片等）和较多的有机质、螺壳、蚌壳等。

（2）新近沉积土分布特征

北京地区新近沉积土有流水沉积、湖沼沉积、风积三种成因类型，多分布于最新河流

附近（包括洪水泛滥地带），许多已填塞的河、湖、沟、坑、塘范围内也常有新近沉积土分布，分布厚度不一。

主要分布在西北郊区的清河河漫滩部分，南郊凉水河以西地区、东郊永定河与潮白河交汇区域、永定河洪积扇顶部地区（石景山—八宝山一带）及许多已经填塞的河湖沟坑范围内。新近沼泽沉积主要分布在永定河洪冲积扇的地下水溢出带，例如西北郊的圆明园、昆明湖一带和西郊莲花池附近等。另外，在大兴附近一带出现新近风积土。厚度一般4～8m，仅在西南郊、东郊局部区域厚度达8～12m。岩性以黏性土、粉土、砂土为主，局部为圆砾卵石土。新近沉积土层因沉积时间短，一般为稍密-中密，工程力学性质相对较差。

常见新近沉积土主要分布在三个地区：

1）首先是永定河泛滥平原区：以永定河出山口的石景山为顶点，向东南方向展开的三角形地区，包括小清河、永定河以东的天堂河、龙河、凤河、凉水河流经地区。堆积物以黏性土和砂性土为主。

2）其次是河流谷地堆积物区，主要有：①古清河。永定河出山后，在石景山附近向东北方向流，流经西黄村、南平庄、北坞、现代清河谷地。河谷堆积物的地表有1m左右的黏性土，以下为砂砾石层。②古金沟河。永定河出山后，在石景山向东流，流经杨庄、八宝山与田村之间，在半壁店附近分为两支。堆积物的上部为黏性土，下部为砂性土。③温榆河地区，主要分布于河流两岸的泛滥地，以细砂为主。④潮白河地区。其自北部怀柔、密云流经平原区的顺义、通州区，往南入北运河。堆积物地层自冲洪积扇上游（扇顶）地区的砂卵砾石逐渐过渡为中游（扇中）砾砂、粗砂和黏土、亚黏土的多层结构，在下游（扇缘）地区基本变为细砂、粉砂与黏土、亚黏土互层的多层结构。

3）最后是山前冲积扇新近沉积物区：扇形地顶部多为砂砾石，中部多为黏性土，扇形边缘发育有泥炭层。

（3）新近沉积土岩土工程特性

新近沉积土的产状和构造特征与一般第四纪沉积土相类似，但由于沉积时间短，土层埋藏浅，且在一定的地质、地貌条件下形成，其压缩性较之相同密度的第四纪沉积土要高得多，具欠压密、强度低、工程性质差等特征。新近沉积土湿度一般较高，具软土特征，颜色一般较深（呈褐、栗、暗黄或灰色）。

2.1.6 土岩复合地层与基岩隆起

（1）土岩复合地层与基岩隆起定义及分类

土岩复合地层是指工程所在区域一定范围内，工程开挖深度范围存在上面为第四纪地层、下面为古近纪—新近纪或以前地质年代岩体层的两种岩土工程特征相差悬殊的复合式地层结构。基岩隆起是指在工程所在区域一定范围内，工程开挖深度范围第四纪地层为主、一定区域内存在凸起基岩层、岩面有一定起伏且基岩局部隆起明显甚至出露地面的一种特殊土岩复合地层结构或地质现象。

（2）土岩复合地层与基岩隆起分布特征

土岩复合地层主要分布于北京地区山前冲洪积平原区域，西部和北部土岩复合地层埋深相对南部和东部较浅。基岩隆起多分布于北京市西部，向西基岩面逐渐抬升，向东基岩面逐渐向地层深部延伸。基岩岩性主要为砾岩和泥岩（相对偏软），局部砂岩（相对偏硬）。

（3）土岩复合地层与基岩隆起岩土工程特性

土岩复合地层：属典型的上软下硬地层，主要表现为上部是土层，下部是岩石地层。主要包括上砂卵石下基岩，上粉土、黏性土下基岩等两种形式；兼具第四系土层的相对软弱性与基岩的高强度特性。工程范围内土岩含水量、密度、强度、渗透性等物理力学性质，以及应力状态、结构特征差异明显；工程开挖范围内土岩界面起伏大，岩体风化程度不一，土岩界面情况复杂。

基岩隆起：存在岩土交界面，下伏岩体因不同地区多种多样，岩石强度显著高于周围地层，隧道断面基岩上部通常为黏土层、砂层、卵石层等；岩面有一定的起伏，隆起区段地下水有水丘现象，凹槽处易存留第四系孔隙水；基岩隆起区周围地层与基岩的岩土力学性能差异明显，可称为“周软中硬”地层；基岩与土层的交界面，可能存在裂隙水。较大水量或具承压性的裂隙水会给工程施工带来较大风险，如盾构施工会有管片渗漏、刀盘处突涌等安全风险。

2.1.7 污染土与有害气体

（1）污染土与有害气体定义及分类

污染土是指由于致污物质的侵入，使土的成分、结构和性质等发生显著变化的一类特殊土。通常是由于土层受到生产及生活过程中产生的三废污染物（废气、废液、废渣）侵蚀，使土性发生物理化学变化。有害气体是指地层中因自然或人为因素产生的对人体有害的气体，如垃圾填埋、化工厂排出的人为有害气体，煤层中自然产生的有害气体等。北京地区分布的有害气体主要为浅层气，多分布于污染土中。

北京东郊、南郊和北郊局部地区，受化工制品场(如东三环以东地区原为北京的老工业基地分布有焦化厂、印染厂等)、垃圾回填场(主要分布于北京北郊、东郊和南郊)的影响，存在一定范围的污染土。这些污染源一般建于20世纪50至60年代，污染深度可达20～30m。

土壤散发的刺激性气味较浓，在钻探取样和试验室开土时，工作人员短时间吸入该场地土散发的气体便头脑发晕、恶心等，该类土的存在直接威胁着轨道交通施工人员的安全；运营阶段也将影响工作人员和乘客的健康；另外，污染土可能具有腐蚀性，腐蚀施工材料，带来工程隐患。

在现场野外勘察时，对于存在异味、颜色异常的土层应调查周围是否存在污染源，并查清污染土的分布范围、分布深度，并在现场或采取土、水样进行污染成分分析，必要时需进行污染土的专项勘察，为轨道交通的施工方法、敷设方式调整提供数据依据。

（2）污染土与有害气体分布特征

北京地区的污染土与有害气体分布和污染源或污染型工厂、场地等分布紧密相关。北京地区大多分布在原钢铁厂、焦化厂、酸碱生产厂、石油化纤厂、煤气工厂、污水处理厂和燃料库等，致污物质主要有酸、碱、煤焦油、石灰渣等；农业上主要是化肥和农药等；生活中主要是垃圾和废弃物等。从污染成分上看，有机物包括原油、农药、垃圾淋滤液和河流疏浚污泥；无机物包括放射性物质、金属离子和酸、碱、盐等。

（3）污染土与有害气体岩土体工程特性

污染土：由于污染物通过渗透作用侵入土中，引起土中矿物被污染腐蚀，土体结构发生改变。当土层被污染时，首先是土颗粒间的胶结盐类被溶蚀，胶结强度被破坏，盐类在水的作用下溶解流失，土的孔隙比和压缩性增大，抗剪强度降低；土颗粒被污染后，形成的新物质在土的孔隙中产生相变结晶而膨胀，并逐渐溶蚀或分裂成小颗粒，新生成含结晶水的盐类，在干燥条件下，体积减小，浸水后体积膨胀，经反复作用土的结构受到破坏；土遇酸碱等腐蚀性物质，与土中的盐类形成离子交换，从而改变土的酸碱性质。

有害气体：有害气体地层一般为区域性分布，其主要成分为甲烷、氮氧化合物、一氧化碳等，通常无色、无味，施工时不易察觉，威胁施工人员的安全；在封闭或部分封闭的有限空间内施工作业时，由于进出口较为狭窄，自然通风不良，极易造成有毒有害、易燃易爆物质积聚或氧含量不足，作业人员健康安全（不适、中毒、窒息等）、场所燃烧和爆炸等安全风险较大。

2.2　典型地质条件明挖法工程安全风险

2.2.1　填土层明挖法施工地质风险

明挖法施工遇填土层（尤其是地层空洞或水囊区段）时，不涉及地下水时，主要的地质风险为：围护结构成孔（槽）困难与塌孔、开挖面坍塌和挖运机具倾覆、基坑围护体系坍塌、地基承载力不足与沉降过大等施工安全风险；涉及地下水的主要地质风险为基坑侧壁渗水与桩间土流失。

施工中应根据填土层类型、分布特点、周边环境条件、设计参数、工期要求、工程造价等综合选用适合的机械设备及方法。

2.2.2　砂性土层明挖法施工地质风险

明挖法施工遇砂土层应首先分析区别砂土层类型（如砂层类型、有水无水、富水有压无压、可液化等）。在此基础上，勘察、设计和施工等各环节应针对不同情况，开展相应的风险辨识、分析评估和风险监控等工作。

施工遇到砂性土层时，当不涉及地下水时，地质风险主要为地下连续墙成槽塌方、地下连续墙混凝土绕流、锚杆锚索施工地面塌陷、基坑围护体系坍塌；当涉及地下水时，地质风险主要为地下连续墙接缝处渗漏、围护桩桩间土脱落及涌水涌砂、基底突涌破坏、砂土液化等施工安全风险。当基坑周边邻近建（构）筑物、管线、道路等风险源时，可采用旋喷桩、搅拌桩等适用于地层的坑外土体加固措施，以减少排桩、地下连续墙施工对土层的扰动。

在砂土层中进行土方开挖应严格按照"先撑后挖"的施工顺序进行，严禁超挖，及时架设支撑。基坑出现涌水涌砂时，必要时可采取回填反压、加设支撑、增设降水井、坑外注浆等措施，并加强现场监测，及时反馈监测信息以指导现场应急处置。

2.2.3 大粒径土层明挖法施工地质风险

明挖法施工遇孤石、漂石层，应重点关注桩（墙）偏斜、成孔漏浆、施工机具损毁及磨损、成孔塌孔等施工安全风险；如遇富水卵砾石层，考虑地下水影响时，应重点关注桩（墙）渗漏、桩间土坍塌或流失等施工安全风险。应根据大粒径土层分布特点、周边环境条件、设计参数、工期要求、工程造价等综合选用适合的机械设备及方法。

2.2.4 细粒土组合地层明挖法施工地质风险

明挖法施工遇细粗粒土组合地层应重点关注基坑围护体系坍塌和地下水影响下的基坑突涌等施工安全风险。应根据细粗粒土组合地层的类型，细化明挖法施工安全风险控制措施。

2.2.5 新近沉积土地层明挖法施工地质风险

明挖法施工遇新近沉积土应重点关注导墙开挖塌方、围护墙施工引发周边建（构）筑物变形过大、土方开挖塌方、基坑围护体系坍塌等施工安全风险。

2.2.6 土岩复合地层与基岩隆起地层明挖法施工地质风险

明挖法施工遇土岩复合地层应重点关注围护结构变形过大和基坑围护体系坍塌等施工安全风险。本节主要针对上砂卵石下基岩、上粉土下基岩层两种典型土岩复合地层形式进行分析。根据土岩层的物理力学性质选择适宜的围护结构设计方案。施工前重点对土岩复合地层核查，对该复合地层及其界面裂隙水提前采取应对措施；施工过程中进行动态化施工，必要时可调整施工工艺和设备。

明挖法施工遇基岩隆起区段应重点关注成孔（槽）困难与坍塌、围护结构渗漏等施工安全风险。基岩隆起地层施工前重点核查基岩隆起部位，并根据地质勘探报告探明基岩隆起岩面起伏状况和基岩风化强度，合理选择施工工艺和设备。

2.2.7 污染土与有害气体地层明挖法施工地质风险

明挖法施工遇污染土和有害气体应重点关注作业人员健康安全（不适、中毒、窒息等）、开挖弃土污染环境、燃烧和爆炸等施工安全风险。选址时应避开有害气体地层。若不能避开，可选择气体含量低的地层或构造部位。基坑开挖污染土应编制专项运输、处置方案，并报环保部门批准。明挖法施工遇有害气体应重点防控围护结构成孔（槽）施工、盖挖基坑等有限空间作业时的有害气体外泄。有害气体地层中施工前应核查围护结构深度范围内地质情况，编制相应的应急预案，进行安全交底，组织应急演练；施工过程中，应加强通风措施，制定有害气体预警值，并加强有害气体监测工作。

2.3 典型地质条件矿山法工程安全风险

2.3.1 填土层矿山法施工地质风险

填土层中不宜采用矿山法施工。当受限制必须采用矿山法施工时，根据填土层易存在地层空洞或水囊的特点，应重点关注隧道拱顶坍塌、结构开裂与不均匀沉降变形、掌子面涌土涌水等施工安全风险。施工前，应对照勘察报告成果和周边环境调查等资料，核查地质条件和周边环境情况，必要时调整风险等级及工程措施。存在空洞或水囊区段的填土层，施工前应采用地质雷达对施工影响范围区域进行探测，查明空洞或水囊位置及大小，并在施工前实施有效处理。隧道拱顶遇填土层，设计单位可采用小导管注浆、深孔注浆、管棚+小导管注浆、管棚+深孔注浆等超前加固措施。应明确加固范围、间距、浆液类型、加固指标等参数。具备地面施工条件的填土区优先进行地面注浆加固。填土地层设计应适当加密钢格栅纵向连接筋，加强初支结构的纵向整体性。施工前，应进行超前地质探测预报，可根据实际地层情况，选择采用沿开挖面斜向外打探孔的方式，必要时进行专项勘察。初支施工过程应及时进行初支背后填充注浆，多导洞开挖时应多次补注浆，严格控制注浆压力和注浆量，保证注浆效果。

2.3.2 砂性土层矿山法施工地质风险

砂土层中进行矿山法施工不涉及地下水问题时，应重点关注隧道拱顶或开挖面坍塌、隧道上拱下沉易侵限、马头门开挖坍塌、大管棚施作塌孔形成空洞或地面坍塌、初支结构过大变形或开裂；涉及地下水的问题时，应重点关注开挖面涌水涌砂及施工振动引发地层液化等施工安全风险。

勘察中应重点查明砂土层的地下水赋存情况及特征，为地下水控制和针对性的开挖支护等方案措施提供可靠依据。当隧道位于砂土层时，应采用超前预加固措施。当隧道位于富水砂土层时，可根据隧道工程周边环境情况，优先采取降水或止水措施。在砂土地层打设小导管，可采取静力钻孔或吹孔成孔后插入小导管的方式完成小导管打设；如必须采用振动打设方式，则应在打设前对掌子面土体进行临时封闭，保证地层稳定性。应及时进行初支背后注浆，多导洞开挖时应多次补注浆，严格控制注浆压力和注浆量，保证注浆效果。

2.3.3 大粒径土层矿山法施工地质风险

大粒径土层施工时，应根据地下水类型及地下水位与结构之间的相对位置关系合理选择降水或止水方案。因大粒径土层渗透系数大，选择降水方案前需要进行降水量计算，并评估降水可行性，有条件时，尽量选用降水方案。大粒径土层中进行矿山法施工不涉及地下水问题时，应重点关注初支结构位置漂石坠落及其引发上方土体坍塌、隧道爆破振动引起岩土体失稳（以上卵石（含漂石）层易发生）、马头门开挖坍塌、拱顶及开挖面坍塌、导洞初支失稳、大管棚施作地层沉陷、管棚施工角度偏差过大（以上砾石层易发生）等；涉及地下水问题时，应重点关注隧道开挖面涌水涌砂施工安全风险。大粒径土地层中人工打设小导管极为困难，应视侵入隧道轮廓尺寸调整小导管位置及数量，优先采用机械成孔的超前加固措施，以保证超前加固效果。

2.3.4 细粒土组合地层矿山法施工地质风险

细粗粒土组合地层为北京常见地层，分布广泛。主要包括如下4种形式：

（1）上砂土层下黏性土层

1）在上部为砂土（不含水）下部为黏性土地层中进行矿山法施工应重点关注拱顶坍塌、马头门开挖坍塌等施工安全风险。

2）在上部为砂土（含水）下部为黏性土地层中进行矿山法施工应重点关注拱顶坍塌、马头门开挖坍塌、开挖面涌水涌砂、大管棚施作塌孔形成空洞或地面坍塌等施工安全风险。

（2）上粉土层下黏性土层

1）在上部为粉土（不含水）下部为黏性土地层中进行矿山法施工，风险情况与上部为砂土层（不含水）下部为黏性土层情形类似，不含水密实粉土较砂土地层开挖条件稍好，更有利于开挖面稳定。

2）在上部为粉土（含水）下部为黏性土地层中进行矿山法施工，粉土渗透系数较砂土小，界面残留水较少；含水量较大的粉土层受到动载易产生液化，施工时应重点关注振动影响。

（3）上砂卵石层下黏性土层

对于开挖面上部为砂卵石层（含水）、下部为黏性土层的情形，砂卵石与黏性土界面存在的残留水比上砂下黏性土更为严重。通过适当加密降水井、洞内真空抽排进行处置。

（4）上黏性土层下粉土或砂卵石层

1）在上部为黏性土下部为粉土或砂卵石（不含水）地层中进行矿山法施工，应重点关注马头门（小导洞）开挖土体变形过大、钢格栅下沉等施工安全风险。

2）在上部为黏性土下部为粉土或砂卵石（含潜水、承压水）地层中进行矿山法施工，如降水效果较好，风险应对措施可参考上部为黏性土下部为粉土或砂卵石（不含水）地层；如降水效果较差，根据开挖面拱部黏性土性质判断其风险，并选择相应的控制措施，且重点关注开挖面带水作业的施工安全风险。

3）在上部为黏性土下部为砂卵石（含高承压水）地层中进行矿山法施工，除上述风险外，应重点关注拱顶及开挖面坍塌安全风险。

2.3.5 新近沉积土地层矿山法施工地质风险

新近沉积土地层中进行矿山法施工应重点关注拱顶及开挖面坍塌、马头门开挖坍塌、地层产生过大沉降并影响周边环境等施工安全风险。施工前，做好周边建（构）筑物、管线、道路的详细调查与鉴定，并结合产权单位和设计单位意见，必要时对周边环境进行加固处理。

2.3.6 土岩复合地层与基岩隆起地层矿山法施工地质风险

土岩复合地层主要包括如下2种形式：

（1）上砂卵石层下基岩层

在上部为砂卵石下部为基岩（中、微、未风化）地层中进行矿山法施工，两种地层均相对稳定。上部砂卵石地层应重点关注，下部基岩（中、微、未风化）需采取爆破施工，爆破引起的振动对上部砂卵石地层造成扰动，尤其对胶结程度不好的砂卵石地层，极易发生开挖面坍塌、地表沉陷。

（2）上粉土黏性土层下基岩层

1）在上部为粉土黏性土下部为基岩（全、强风化）地层中进行矿山法施工，两种地层均相对稳定。上部不含水密实粉土地层开挖条件稍好，有利于开挖面稳定；下部基岩（全、强风化）可挖性较好。

2）在上部为粉土、黏性土下部为基岩（中、微、未风化）地层中进行矿山法施工，两种地层均相对稳定。上部不含水密实粉土地层开挖条件稍好，有利于开挖面稳定；但下部基岩（中、微、未风化）需采取爆破施工，爆破引起的振动对上部粉土地层易造成扰动，饱和粉土还会引起液化，极易发生开挖面坍塌，引起地表沉陷。

在施工过程中还需做好地质预报工作，尽量掌握基岩风化程度、强度突变及地下水情况，根据工程地质水文地质情况及变化趋势，制定不同的分区开挖针对性支护方法。根据工程地质水文地质情况，在开挖前做好超前加固措施，尤其应做好上部土质地层的加固。通过试验段检测加固效果，检测土方开挖与加固匹配度。不断优化爆破设计及施工，尽量降低爆破对围岩的扰动，避免出现欠挖或超挖现象。

在基岩隆起区进行矿山法施工应根据基岩的软硬强度进行施工安全风险控制。对强度相对较低的软岩（如砾岩），可采用风镐辅助开挖，矿山法施工应重点关注岩块坠落及其引起的土体坍塌、爆破振动引起围岩失稳等施工安全风险。本节仅针对强度相对较高的硬岩（如砂岩）。该类基岩隆起区宜采用爆破辅助开挖，矿山法施工应重点关注开挖面坍塌和开挖面爆破作业安全等施工安全风险。

2.3.7 污染土与有害气体地层矿山法施工地质风险

当工业污染土或有害气体地层范围较广时，不建议在此范围进行矿山法施工。在工业污染土和有害气体地层中进行矿山法施工应重点关注作业人员健康安全（不适、中毒、窒息等）、开挖弃土污染环境、燃烧和爆炸等施工安全风险。隧道开挖施工污染土应编制专项运输、处置方案，并报环保部门批准。

2.4 典型地质条件盾构法工程安全风险

2.4.1 填土层盾构法施工地质风险

盾构法上覆或穿越填土层掘进施工，应重点关注始发接收端加固效果不佳（尤其杂填土或高孔隙率填土层）、盾构组装和拆卸吊装时起重设备倾覆（尤其高孔隙率填土或不均匀填土层上方）、盾构掘进姿态差（尤其杂填土、障碍物、深厚高孔隙率填土或不均匀填土层）、盾构掘进地面塌陷或机具陷落（尤其在地层空洞或水囊区段）等施工安全风险。施工前应对沿线地层情况、周边建（构）筑物和管线进行核查，对发现建（构）筑物倾斜或破损以及管线渗漏或沉降的情况，应立即通知相关产权单位进行修补和加固，同时采取可靠的保护措施。

2.4.2 砂性土层盾构法施工地质风险

盾构法施工遇砂土层应重点关注始发接收端加固效果不佳、盾尾泄漏（尤其饱水粉砂粉土层）、同步注浆效果差、盾构喷涌及盾构姿态差（尤其富水砂层）、刀盘刀具磨损（尤其石英含量高的砂层）、盾构推力过大（尤其密实砂土层）等施工安全风险。

2.4.3 大粒径土层盾构法施工地质风险

在大粒径土层中进行盾构法掘进施工，应重点关注始发接收端加固效果不佳、刀盘刀具磨损、盾构掘进方向偏离、盾构掘进开挖面失稳、盾构掘进滞排、盾构开仓换刀掌子面失稳及坍塌、因地下水造成掌子面突涌、管片渗漏或盾尾击穿等施工安全风险。

2.4.4 细粒土组合地层盾构法施工地质风险

在细粗粒土组合地层中进行盾构法掘进施工，应重点关注始发接收端加固效果不佳、刀盘结泥饼等施工安全风险。

2.4.5 新近沉积土地层盾构法施工地质风险

盾构法上覆或穿越新近沉积土层掘进施工，应重点关注盾构组装和拆卸吊装时起重设备倾覆、盾构洞门土体坍塌、盾构洞门凿除时地下水突涌、盾构掘进时地下水突涌、盾尾刷磨损严重引发地下水突涌、刀盘结泥饼（黏粒含量较高地层）、固结沉降等施工安全风险。在新近沉积土层中进行盾构掘进施工，应根据其软硬、黏粒含量等地层参数情况，合理进行盾构机选型，加强刀盘布置层次，必要时加大开口率。

2.4.6 土岩复合地层与基岩隆起地层盾构法施工地质风险

土岩复合地层与基岩隆起地层中进行盾构掘进施工，应重点关注盾构始发接收段加固效果不佳、盾构掘进方向偏离、地面塌陷、刀盘刀具磨损、盾构机卡壳、裂隙水处理不当引起管片渗透或刀盘处突涌等施工安全风险。在项目可研或初步设计阶段，应根据初勘资料，优化线路平面、纵断面设计，尽量避免盾构穿越基岩隆起区段，或使盾构穿越的基岩与上覆土层相对均匀、岩土体性质相近。基岩隆起区段范围较长时，宜采用TBM盾构施工。土岩复合地层与基岩隆起区中进行盾构掘进施工，应加强超强地质探测预报，密切关注地层突变，必要时进行补充勘察。在上软下硬的土岩复合地层与基岩隆起区段进行盾构掘进施工，应加强滚刀的配置，提高刀盘的耐磨性，增加刀盘的开口率，以利于破岩；应根据地质变化及刀具磨损情况进行预判，提前设置换刀地点并尽量选择土体稳定性较好和地面条件良好的地段；如地层强度不足，应及时对换刀地点进行预加固，待盾构抵达换刀地点时，对刀具进行检查及更换。土舱填充宜采用黏稠的泥浆，确保泥浆和舱内剩余的渣土搅拌均匀。利用盾构上部的超前注浆孔，向刀盘上方和前方进行注浆。

2.4.7 污染土与有害气体地层盾构法施工地质风险

盾构掘进施工遇污染土层或有害气体时，应重点关注盾构设备腐蚀或燃烧爆炸、作业人员健康安全（不适、中毒、窒息等）、渣土外弃污染环境等施工安全风险。工程选址阶段，尽量避开含有害气体的地层；若无法避开，应选择气体含量相对较低的地层。设计中应针对有害气体的特性，在盾构施工、地铁运营或结构使用阶段进行针对性的处理和防护设计。在掌握污染土的性质和环境作用等级的基础上，应按照《混凝土结构耐久性设计标准》（GB/T 50476—2019），确定盾构管片及其他永久结构工程材料的等级。针对含有害气体的场地，宜在结构施工前进行超前地质探测，必要时在施工前进方向预先设置有害气体释放孔进行排气预处理。应在钻机钻头安装有害气体探头或传感器，在出气口处增设减压阀和节流阀，以调节排放的压力和流量。有害气体释放时应进行补充注浆，回填因放气而造成的地层损失，同时还应加强对周边建（构）筑物、管线、道路的监测。

3 城市轨道交通工程全过程地质风险管理概述

3.1 全过程地质风险管理原则

城市轨道交通工程建设全过程地质风险管理工作应遵循以下原则：

1）可研阶段应本着规避重大地质风险的原则，进行线路走向、埋深、车站站位的选择、布置等方案设计工作。

2）勘察设计阶段应本着规避和降低地质风险的原则，针对性地开展地质勘察、地质风险评估、设计方案比选优化和地质风险控制设计等工作，制定安全可行和经济合理的地质风险管控措施。

3）施工阶段应本着全面控制地质风险的原则，严格按照勘察设计文件、相关规范标准，依据地质风险评估成果和相关管理要求等，制定安全可行和经济合理的施工方案，开展必要的超前地质探测等地质工作，实施信息化施工和工程风险动态管控，有效控制地质风险。

各阶段应根据基础资料情况、工作深度要求和工程实际需要等，在前期工作的基础上，开展相应的地质风险评估工作，并遵循下列原则：

1）地质风险因素辨识应根据勘察成果和地质信息核查等资料，结合工程经验、设计方案与技术措施、施工方法、类似工程事故案例等，辨识可能导致工程风险的地质因素。

2）地质风险单元划分应遵循“逢变必分”的原则，根据地质条件复杂程度及地质风险因素辨识结果，结合设计方案与技术措施、施工方法及周边环境条件等进行划分，遇下列情况时应划分地质风险单元：

a.地形地貌发生变化。

b.断面地层围岩等级发生较大变化。

c.岩土类型及岩土参数发生较大变化。

d.地下水类型不同或水位、含水层厚度发生较大变化。

e.敷设方式发生变化。

f.线路埋设深度发生较大变化。

g.围护结构体系形式发生变化。

h.施工方法发生变化。

i.周边环境类型发生变化。

3）当遇下列对工程风险影响较大的特殊部位时，应进一步细分地质风险单元：

a.隧道洞径范围内存在两级以上围岩（如土岩复合地层）的部位。

b.隧道上方存在厚层人工填土、松散粉土砂土或软土的部位。

c.开挖面地层严重不均匀的部位。

d.存在特殊地质（如孤石、漂石、空洞、水囊、富水砂层、基岩隆起等）的部位。

e.地下水条件发生变化的部位。

f.隧道周边变形不能及时反映到地表，地表变形监测效果不明显的部位。

g.受现场环境条件影响，勘察精度不足或未进行勘察的部位。

h.隧道上方及周边存在变形控制要求较高的既有轨道交通线（站）、既有建（构）筑物或管线的部位。

地质风险评价与分级应根据地质风险因素辨识结果，针对不同地质风险单元，结合设计方案与技术措施、施工工法与工艺、辅助工程措施、监测及预警信息等，分析预测可能导致的安全风险事件或事故，并评价其影响程度、范围和等级。具体参照《城市轨道交通工程地质风险控制技术指南》（建办质〔2020〕47号）。

遇到下列地质风险单元或区段，应调高工程安全风险等级：

a.地层围岩等级发生2级以上突变。

b.隧道上方存在厚层填土、松散粉土砂土或软土。

c.地下水及含水层类型、含水层厚度和地下水位水量发生较大变化。

d.勘察精度不足或未进行勘察的区段或部位。

e.开挖面地层严重不均匀。

f.开挖面或掘进段出现软弱夹层、水囊、孤石、漂石、基岩隆起、有害气体等特殊地质时等。

建设单位应组织开展地质风险评估、专项勘察等工作，并针对抗浮设防水位开展专项工作，必要时组织开展专家评审或论证。勘察设计和施工应充分利用地质风险评估成果，根据设计方案与技术措施、施工工法与工艺、辅助工程措施、监测及预警信息等，形成相应的风险辨识清单和风险评估成果，并落实到相应的勘察设计文件和施工方案中。

3.2 可研阶段地质风险管理

可研阶段应了解工程沿线的工程地质水文地质条件，开展重大地质风险因素识别和相应的风险评估及方案设计等工作。对存在高承压水、土岩复合地层、污染土、地裂缝、区域性地面沉降等特殊地质条件的区段，宜开展专项风险评估或专题研究工作，以满足可研的深度要求和工程需要。

3.3 勘察设计阶段地质风险管理

3.3.1 勘察工作的地质风险管理

1）勘察单位应根据相关标准规范、设计要求等，开展勘察工作，提供真实、准确、可靠的勘察成果资料，并重点加强以下工作：

a.针对地质风险较大的区段或单元，宜编制勘察细则，开展必要的勘察方案专家论证，深化细化勘察工作，或提出专项勘察工作建议。

b.勘察期间，应对场地地下管线等周边环境进行保护，作业完成后应及时对勘探钻孔进行封填并记录钻孔封填物，对地下水位长期观测孔应做好保护，并设置警示标识，及时组织验收。

c.对因故未能探明的工程区段或位置，应在勘察文件中予以说明，条件具备后应及时完成补充勘察，并向设计、施工单位进行重点交底。

2）设计变更时，建设单位应组织设计单位向勘察单位反馈，视需要开展必要的补充勘察。

3）建设单位应组织对勘察大纲和勘察成果文件进行评审；组织勘察单位对设计、施工等单位进行勘察文件和地质风险交底；组织勘察、设计单位对施工、监理、第三方监测等单位进行地质风险交底。

4）勘察单位应当根据工程实际及工程周边环境资料，在勘察文件中说明地质条件可能造成的工程风险，必要时提出专项勘察建议。

5）原勘察资料不能满足地质风险评估或控制时，应补充开展相应勘察工作。

6）勘察单位应派遣专业技术人员配合工程设计及施工，当地质条件与勘察文件不一致或遇重大地质风险时，应提出地质风险控制措施建议。

7）地质风险因素辨识应根据勘察成果资料，结合工程经验、拟采用的设计方案与技术措施、施工方法、类似工程的事故案例等，辨识可能导致工程风险或不利于施工和发生的各种工程地质水文地质条件风险源。

8）地质风险单元划分应遵循逢变必分的原则，根据地质条件复杂程度及地质风险因素辨识结果，结合拟采用的设计方案与技术措施、施工方法及周边环境条件等进行划分，遇下列情况时应划分地质风险单元：

a.地形地貌发生变化。

b.断面地层围岩等级较大变化。

c.岩土类型及岩土参数发生较大变化。

d.地下水类型不同或水位、含水层厚度发生较大变化。

e.敷设方式发生变化。

f.线路埋设深度变化较大。

g.围支护结构体系形式发生变化。

h.施工方法发生变化。

i.周边环境类型发生变化。

9）当遇下列对工程风险影响较大的特殊部位时，应进一步细分地质风险单元：

a.隧道洞径范围内存在两级以上围岩（如土岩复合地层）的部位。

b.隧道上方存在厚层人工填土、松散粉土砂土或软土的部位。

c.开挖面地层严重不均匀的部位。

d.存在特殊地质现象（含孤石、漂石、空洞、水囊、富水砂层、基岩隆起等）的部位。

e.围岩隧道地下水条件发生变化的部位。

f.隧道围岩变形不能及时反应到地表，地表变形监测效果不明显的部位。

g.受现场环境条件影响，勘察精度不足或未进行勘察的部位。

h.隧道上方及周边存在变形控制要求较高的既有轨道交通线（站）、既有建（构）筑物或管线的部位。

10）遇到下列情况时，应在常规勘察工作及成果的基础上，开展相应的专项勘察工作：

a.存在对工程安全影响较大的特殊地质或不良地质区段，且常规勘察工作无法解决。

b.场地范围内水文地质条件复杂，且预测对工程安全有影响。

c.工程方案变更或施工中出现新的地质问题，且对工程安全有影响。

3.3.2 设计工作的地质风险管理

1）工程设计应根据现行标准、勘察文件、环境调查资料、地质风险评估成果等，并结合工程实际，开展针对性的风险工程设计，满足不同设计阶段的深度要求和工程需要。

2）设计单位应在设计文件中列明工程安全风险分级清单，注明涉及危大工程的重点部位和环节，提出保障工程周边环境安全和工程施工安全的措施建议。

3）工程设计应提出针对性的地质风险控制措施并落实到图纸中，必要时针对重大地质风险进行专项设计。

4）对地质风险可能较大的区段或工程关键部位，设计中应制定合理的监测项目、频率和安全控制指标及预警值。

5）工程设计中，当设计方案有调整，且不满足勘察设计标准和工程实际需要时，应提出针对性补充勘察的需求，根据补充勘察结果，补充地质风险评估工作，核查风险等级，优化设计方案或工程措施。

6）设计单位应派遣专业技术人员配合现场施工，当地质条件变化时，应提出地质风险控制措施，并根据工程监测信息、地质条件、周边环境核查情况、施工地质信息等，进行动态设计，有效指导施工及其风险控制。

7）工程安全风险分级应根据工程设计特点、施工方法与工序工艺、地质风险评价结果、周边环境及其保护要求等，细化风险单元划分和风险分级清单，合理描述地质风险涉及的区段、工程部位、环节及其可能造成的工程安全风险。遇到下列地质风险单元或区段，应提高工程安全风险等级：

a.地层围岩等级发生2级以上突变。

b.开挖面或掘进段出现软弱夹层、水囊、孤石漂石、基岩隆起、有害气体等特殊地质。

c.隧道上方存在厚层填土、松散粉土砂土或软土。

d.地下水及含水层类型、含水层厚度和地下水位水量发生较大变化。

e.开挖面地层严重不均匀。

f.勘察精度不足或未进行勘察的区段或部位等。

8）对地质风险可能较大的不良地质区段或工程关键部位，设计中应制定合理的监测项目、频率和安全控制指标及预警值，将深层沉降监测项目列为必测项目。

3.4 施工阶段地质风险管理

3.4.1 施工准备期的地质风险管理

1）施工单位应开展勘察设计文件研读和必要的地质条件核查，加强与勘察、设计单位的沟通确认和技术交底。当发现地质条件变化较大时，及时上报建设单位，必要时进行补充勘察或补充完善工程措施。

2）开工前建设单位应委托具有相应资质和经验的单位进行工程场地地层空洞普查探测；发现存在空洞时，应按照相关程序进行处理。

3）施工单位应结合地质条件核查结果、设计措施、施工工法、工序与工艺等，调整细化风险单元及风险分级，优化完善工程措施；编制施工组织设计、安全专项施工方案、危大工程方案时，应开展地质风险专项分析，制定或完善地质风险控制措施。

4）施工单位应细化地质风险及其管控内容，对重大地质风险区段或单元、关键部位或施工环节，应进行专项交底。

5）监理、第三方监测、安全风险咨询服务等单位应针对重大地质风险区段或单元，制定明确的技术方案和措施。

6）建设单位、施工单位应在开工前，制定各类工程风险的应急预案，确保针对性、合理性和可操作性。宜重点组织开展针对典型地质条件的施工安全风险应急处置培训。

3.4.2 施工过程地质风险管理

1）施工阶段应本着全面控制风险的原则，严格按照勘察设计文件、施工规范标准，依据风险分级评估成果和相关管理要求等，制定合理可行、安全的施工方案和安全技术保障措施，进行信息化施工和施工风险动态管控。

2）施工阶段应依法依规开展危大工程专家论证、重要部位和关键环节施工前条件核查验收、盾构施工适应性评估、风险分级管控与隐患排查治理“双控”等工作，并将地质风险较大区段、单元及其所涉工程关键部位及其控制措施作为其中一项关键管控项目。

3）工程施工中，应根据勘察成果资料、地质风险评估成果、设计文件、专项施工方案或危大工程论证意见等，针对不同的地质条件及其可能导致的施工安全风险，选择适宜的施工方法、工艺措施等，加强风险动态评估与管控，有效控制地质风险，并满足下列要求：

a.对地质条件差、地质风险大的区段、单元或部位，应制定合理可行的岩土体加固方案，明确施工工艺、参数和设备。

b.工程施工中，遇到地质条件差、地质风险大的地段或工程部位（如上软下硬、孤石、富水砂层及空洞、水囊等），应进行超前地质探查工作，具备条件时进行地面预处理，并加强旁站监理、监测和安全巡视等工作。

c.矿山法施工中，遇到地质条件差、地质风险大的地段或工程部位（如富水砂层及空洞、水囊等），应进行超前地质探查工作，并加强旁站监理、监测和安全巡视等工作。

d.基坑和隧道施工中，应进行开挖面的地质描述和地质风险分析。

e.盾构施工组段划分应重点考虑地质风险单元及其风险分级等因素，划分不同的掘进组段，确定合理的土压力、扭矩、刀盘转速、推力、推进速度、添加材料注入量、注浆压力等掘进参数；掘进施工中应建立掘进参数动态调整机制，确保盾构姿态稳定；对于明确存在地质风险的复杂地质条件区段，应在风险相对较低的地段设置掘进试验段，并通过科学合理的优化调整，确定适合的盾构掘进方式和掘进参数。

4）施工中应加强基坑围护结构、基坑和隧道预加固体、盾构端头井加固体、联络通道开口段、止水帷幕等的施工质量效果检测；对地质条件差、地质风险大地段加固体的质量检测，应适当提高抽测率，并采用先进可靠的综合检测手段。

5）矿山法隧道应安装视频监控设备，并确保掌子面在可视范围内，全面记录地下水控制、超前加固、土方开挖、钢格栅安装及喷射混凝土等施工全过程。

6）在工程监测、现场安全巡视、预警和安全风险状态评价中，应加强地质条件及其风险的评价和控制；在地面变形较大、速率不稳定的区域，应加强监测工作。

7）施工中地质条件发生较大变化且可能导致工程风险时，应会同勘察、设计等单位开展专项工作，明确处理措施，必要时组织专家论证。

8）施工中地质条件发生变化或与勘察设计文件不符，且可能导致工程风险加大时，应会同勘察、设计等单位进行风险分析或组织专家论证，补充完善工程措施。

9）汛期施工应核查地下水变化、周边地表水及其水力联系，加强地下水动态观测和施工风险动态评估，及时有效控制地下水条件变化导致的施工安全风险。

10）建设单位、施工单位应加强针对地质风险的应急演练及其评估工作。

4　北京地区典型地质风险勘察要点

4.1　填土地层

填土地层明挖法勘察要点：

1）调查地形和地物的变迁，填土的来源、堆积年限及回填方式。

2）查明填土的分布、厚度、物质成分、颗粒级配、均匀性、密实性、压缩性、湿陷性以及水、土对建筑材料的腐蚀性。

3）填土勘察应根据基坑支护设计需要扩大范围，加密勘探孔，查明基坑影响范围内的人工填土分布。勘探孔的深度应穿透填土层。

4）勘探方法应根据填土性质确定。由粉土或黏性土组成的素填土，宜采用钻探取样、轻型钻具与原位测试相结合的方法；含较多粗粒成分的素填土或杂填土宜采用动力触探、钻探和井探等方法。

5）填土地基承载力应结合地区经验按有关标准综合确定。

6）当填土底面的天然坡度大于20%时，应验算其稳定性。

7）填土地基基坑开挖后应进行施工验槽；处理后的填土地基应进行质量检验。

4.2　砂性土地层

砂性土地层明挖法勘察要点：

1）通过钻探、标准贯入试验、颗粒分析试验、黏粒含量试验等，查明砂层的分布范围、厚度、粒径组成、密实程度和状态。

2）通过水文地质试验查明地下水的特征，包括地下水位、渗透系数、涌水量、影响半径等水文地质参数。

3）根据砂层的富水性、承压性等进行必要的桩墙抗渗流、基底突涌等稳定性验算与评价。

4）由于砂层取原状样进行室内试验较为困难，宜通过施工现场试验确定基坑支护参数。

5）对于可能存在液化的砂层，应加大液化判别孔的数量。对20m深度范围内的砂土应进行标准贯入试验，并在标贯试验深度处取样进行黏粒含量分析，查明饱和砂土的分布范围、厚度、埋深及发生液化的可能性、液化等级。

6）根据饱和砂土液化范围和等级，分析对工程的影响，并提供必要的抗震措施建议。

4.3 大粒径土地层

大粒径土地层明挖法勘察要点：

1）查明卵石地层分布规律、颗粒级配、透水性及富水性，卵石地层物理力学指标测试应采用现场调查、现场试验和室内试验相结合的方法。

2）收集沿线及其附近基坑的成桩工艺及所揭露地层资料，包括地层结构、岩性、组成成分、有效粒径、平均粒径及其分布特征。

3）必要时采用人工探井，揭示卵石地层情况，并取样进行现场称重量测；通过室内试验，获取漂石、卵石各粒径参数与强度参数等。

4）采用点荷载和单轴抗压强度试验测定卵石的强度等指标。

5）应采取水文地质试验的方法确定渗透系数、影响半径等水文地质参数，为地下水控制提供依据。

4.4 细粗粒土组合地层

细粗粒土组合地层明挖法勘察要点：

1）查明地层中各土层的位置关系、厚度、稠度、密实度、压缩性。

2）采用室内试验和原位测试相结合的方法查明各土层的物理力学性质。

3）加强描述地层的岩性变化，对含水的薄层、夹层、透镜体等均应描述。

4）应分层观测地下水位，明确各含水层岩性、厚度、隔水层的位置关系、承压水头高度，宜进行地下水位长期观测。基底下存在承压水的，应进行突涌评价。

5）当地下水对工程影响较大时，应进行水文地质试验，查明各含水地层的渗透系数、影响半径等水文参数，并进行基坑涌水量估算。

6）如附近存在地表水体，应查明地表水汇流和水位的季节变化、地表水疏干条件、地表水体与地下水的水力联系。

4.5 新近沉积土地层

新近沉积土地层明挖法勘察要点：

1）新近沉积土勘察应结合地形、地貌特征，尤其是沿线微地貌与新近沉积土分布的关系，以及古牛轭湖，暗埋的塘、沟、渠等分布范围及形态。

2）查明新近沉积土的成因类型、形成年代、岩性、分布规律、厚度变化、地层结构及均匀性，并查明各项物理力学性质，如沉积环境、固结程度、强度、压缩性、灵敏度、有机质含量等。

3）查明新近沉积土软土硬壳层的分布、厚度、性质及其变化情况；硬夹层的空间分布、形态、厚度及性质；下伏硬底层的岩土组成、性质、埋深和起伏。

4）查明新近沉积土中各含水层的分布、颗粒成分、渗透系数。

5）勘探孔宜穿透新近沉积土层，钻至硬层或下伏基岩内一定深度，勘探、测试孔深度应满足地基压缩层的计算和围护结构计算等设计要求。

4.6 土岩复合地层与基岩隆起

土岩复合地层与基岩隆起地层明挖法勘察要点：

1）查明基坑开挖影响范围内土岩分界面、岩石产状、风化带、破碎带的分布情况和岩石抗压强度等力学特性及富水特性。对风化带，应查明风化带的不同风化程度、埋深及厚度，以及膨胀性、软化性等特殊性质。对基岩，应重点查明基岩的岩性和地质年代、基岩的产状、风化程度、岩脉的分布起伏、裂隙的发育程度、破碎带和软弱夹层分布等。

2）对土岩复合地层应采用调绘、钻探、原位测试、物探、水文地质试验等相结合的综合手段进行勘察。对复杂土岩界面和基岩隆起或起伏区，应采用以综合工程物探为主，钻探为辅的方法，宜采用工程物探连续加密测点，查明土岩划分界面及基岩起伏。

3）土岩结合面和基岩起伏区多为地下水汇集的界面，应增加水位观测孔查明基岩界面水的分布、含水层厚度及水流方向等水文参数。

4）土岩结合面上各地层物理力学性质差异较大，应对土岩复合地层的岩土施工工程分级、围岩等级、工程力学性质、稳定性进行综合评价。

5）对基岩进行钻探时，应记录岩芯采集率，测定岩石质量指标，并进行单轴抗压强度试验，以判断岩石的风化程度和破碎情况。

6）对强风化、中等风化和残积土，宜采用圆锥动力触探、标准贯入试验进行剖面划分；风化基岩不能进行试验时，可进行波速测试，划分风化带；风化岩应进行风干状态下单轴极限抗压强度试验并测定其密度、相对密度和吸水率等。

4.7 污染土与有害气体地层

污染土与有害气体地层与基岩隆起地层明挖法勘察要点：

1）勘察前应调查场地污染源的位置、成分、性质、污染史及对周边的影响；调查了解线路通过地区是否存在有害气体及其种类、分布情况。

2）对污染土，应通过钻探、取样、室内试验等，以查明污染土分布的平面范围和深度、地下水受污染情况、污染物的种类、浓度及分布等；应评价污染土和水对建筑材料的腐蚀性及对环境的影响。

3）对污染土，应采用原位测试等手段，确定地基承载力和变形参数，以查明污染土的物理力学性质，对工程特性指标的影响程度。

4）污染土勘探测试的工作量及布置应结合污染源和污染途径的分布进行，近污染源处勘探点间距宜密，远污染源处勘探点间距可疏。

5）有害气体勘探以钻探为主，在钻孔中测定有害气体的压力、温度、类型、含量、浓度及物理化学指标分析。判定是否会发生突出，及其突出的位置、突出量和危害性。

6）有害气体勘探中应有部分勘探点通过生气层、储气层部位，勘探孔深度宜结合生、储气层深度确定，以查明有害气体的分布范围、空间位置和有关参数。

7）污染土和有害气体一般具有腐蚀性和毒性，现场钻探、取样及测试时应采取相应的防护措施，避免影响勘探作业及相关人员的健康安全。

4.8 地下水

1）查明含水层和隔水层的埋藏条件、地下水类型、地下水位及其年变化幅度，确定含水层的边界条件，地下水的补给、径流和排泄条件。

2）当场地范围内分布有多层对工程有影响的地下水时，应分层观测地下水位，并查明不同含水层之间的相互补给关系，监测地下水动态变化数据。

3）当场地周围存在地表水时，查明其水位、河床衬砌、河底埋深等基本情况，同时收集相关水文资料，分析地表水和地下水的补排关系及其对地下水位的影响。

4）按照水文地质单元的划分，并结合地下水控制的特点，分段进行水文地质试验，准确获得相关含水层的水文地质参数，为地下水控制提供设计依据。

5）注意分析含水层的颗粒组成，采用特征粒径判定渗透变形的类型。根据地下水的分布特征和地层分布特点，判断突水、涌砂发生的可能性。

6）预测暗挖在开挖后的暗挖隧道涌水量，提出相应的处理措施。

7）埋设不同深度位置处孔隙水压力计，监测不同深度位置处孔隙水压力值，绘制垂向的地下水压力分布曲线，分析各含水层之间水力联系。

8）暗挖法施工采用冻结法止水措施时应查明地下水流速、流向。

5 城市轨道交通工程典型地层条件明挖法工程安全风险控制

5.1 填土地层

5.1.1 围护结构成孔(槽)困难与塌孔

(1)设计方案与工程措施

1)厚层填土中的土钉边坡，可采用超前微型桩局部补强加固。

2)当土钉长度小于等于6m时，可采用打入式钢花管注浆代替土钉；当土钉长度大于6m时，宜采用跟管钻机施工。

3)当普通锚杆钻机无法成孔时，宜采用跟管钻进方式成孔，并及时进行二次补浆甚至三次补浆。必要时可对锚杆进行劈裂注浆。

4)填土层中进行连续墙施工时，4m以内可采用增加导墙深度的方法，4m以上可采用槽壁预加固的方法，以防止出现塌孔、漏浆等现象。

5)施工前，应查明施工区域可能存在的空洞或水囊位置及尺寸。对大于2m的空洞可采用先填砂再进行灌浆固结，小于2m的空洞可直接采用注浆填充处理。当市政管网渗漏或断裂造成地层中存在水囊时，应先截断水源，引流后进行注浆回填。

(6)如果人工填土层厚度较薄时，地下连续墙可采用增加导墙高度的方法，防止出现塌孔、漏浆等现象。如果人工填土层高厚度较大，围护桩可采用人工挖孔代替钻机成孔，遇到大块建筑垃圾时，采用人工破除方法予以解决。

(2)施工措施

1)采用超前微型桩局部补强施工时，宜采取“钻一跳一”“钻二跳一”等跳钻法组织施工；为避免钻孔时扰动周边成型孔，宜采取实时监控措施。

2)对于已发生塌孔的情况应采取相应措施防止继续塌孔，并查明原因。可采用吸泥机吸出塌入孔中的泥土，如不继续塌孔，可恢复正常施工；如塌孔仍不停止，且坍塌部位较深，宜采用黏土回填，达到强度后重新钻孔成桩。

3)锚杆成孔应控制钻机钻速，避免增加空钻时间，防止泥浆在孔壁内高速度流动对孔内壁产生冲刷引起塌孔。

4)锚杆劈裂注浆时，宜根据土层特性设置试验段，以确定扩散范围、注浆压力、时间、浆液配比等参数。一般从底部每1m注浆一次，达到一定压力后，提起1m再注浆，如此重复进行。

5）导墙施工增加导墙深度时，导墙定位必须与地下连续墙中心线吻合，同时需控制好挖槽标高、垂直度。

6）围护桩采取人工挖孔时，应编制专项施工方案，开挖深度超过5m（含5m）时应组织专家进行论证。

5.1.2 开挖面坍塌和挖运机具倾覆

（1）设计方案与工程措施

1）适当放缓填土部位开挖面坡度。

2）减少每层开挖厚度，严禁超挖。

3）当填土地基不能满足机具设备作业条件时，应进行处理。

4）受场地条件限制，支护设计必须进行堆载和车辆运行时，应按专项设计要求进行核算。

（2）施工措施

1）宜采用帆布、塑料薄膜覆盖、坡面挂网等措施，对坡面进行保护。

2）基坑周边1m范围内不得堆载，10m以内限制堆载，坑边严禁重型车辆通行。

3）受场地条件限制，必须在基坑周边进行堆载和车辆运行时，不应超出设计核定荷载。

5.1.3 基坑侧壁渗水与桩间土流失

（1）设计方案与工程措施

1）基坑宜采用具备止水功能的围护结构形式。采用地下连续墙时，宜优先选用刚性或防水接头形式；采用排桩时，应在桩外增设旋喷桩等桩间止水加固措施。

2）增设导流管进行引排，将人工填土层中的滞水排出。

3）加强桩间土防护设计，必要时采取注浆等措施。

（2）施工措施

1）应及时探明并切断补给水源。

2）采用引水与堵漏相结合的方法，并根据围护结构形式、渗漏范围、渗漏量等要素选择合理的导流引排或注浆堵漏措施，并防止桩间土水土流失。

3）渗漏量较小时，可在堵水点处的外部打入膨胀螺栓，再悬挂钢筋网片等，然后喷涂速凝混凝土给予加固。

4）渗漏量较大并采用注浆止水时，注浆作业设备宜为普通无缝钢管，连接孔口宜采用Y型连接方式，分别搅拌浆体；注浆作业宜使用机械泵分别压浆；注浆工序、浆体、数量等应根据地层、渗漏范围及渗漏量等工程实际确定。

5）说明：根据不良地质分布可能性，分级定为普遍、偶尔、罕见、不分布，若线路穿越多个地质单元，可以按线路分段，如14号线西段、中段、东段等。

5.1.4 基坑围护体系坍塌

（1）设计方案与工程措施

1）场地地下水位较高时，宜采用地下连续墙；地下水位较低时，宜采用排桩+止水帷幕，并严格控制止水帷幕施工质量，加强质量检测。

2）采用内支撑体系时，应增加围护结构刚度和基坑水平支撑冗余度。必要时第一道支撑采用钢筋混凝土支撑。

（2）施工措施

1）基坑应采取先撑后挖、限时、对称、分层、分区的开挖原则。

2）尽量缩短支撑架设时间，应设置支撑防坠措施。

3）增加坑内集水、排水措施，并防止客水渗入基坑侧壁地层。

5.1.5 地基承载力不足与沉降过大

（1）设计方案与工程措施

1）基底填土厚度较薄，且地基承载力要求不高，可进行换填处理，并根据填土层底部的原状土类型采用适合的换填材料。

2）基底填土厚度较大，如果对地基承载力要求不高，可采用CFG桩、柱锤冲扩桩等复合地基；如果对地基承载力要求较高，宜采用桩基。

（2）施工措施

1）换填垫层地基应按要求做载荷试验检验。

2）垫层材料有砂垫层、砂卵石垫层、碎石垫层、灰土或素土垫层、煤渣垫层、矿渣垫层以及其他性能稳定、无侵蚀性的材料做的垫层等。

3）强夯前，应探明地质情况，对存在砂卵石夹层的可适当提高夯击能量，遇障碍物应清除掉。锤重、落距、夯击遍数、锤击数、间距等强夯参数，在强夯之前通过试夯、测试进行确定。

4）施工时，按试验确定的配合比配制混合料。施工质量检验应检查施工记录、混合料坍落度、桩体试块抗压强度等。

5）CFG桩复合地基应采用大面积静载荷试验和单桩静载荷试验进行承载力检验，并宜在复合地基施工结束28d后进行。

5.2 砂性土地层

5.2.1 地下连续墙成槽塌方

（1）设计方案与工程措施

设计阶段应对砂土层中地下连续墙成槽塌方风险进行判别，要求采用性能良好的泥浆。必要时在槽壁两侧采用旋喷桩或搅拌桩加固，以保证槽壁稳定。

（2）施工措施

1）导墙施工应采用现浇混凝土刚性地面或铺设钢箱板，控制应力集中和振动；混凝土达到设计强度前，禁止任何重型机械设备在导墙附近停留。

2）合理划分单元槽段，选择适当的单元槽段施工顺序。根据设计墙幅长度，选用合适尺寸的成槽机。设置三级沉淀池，保证循环利用的泥浆比例无较大差异。

3）成槽时应慢速钻进或挖掘。根据不同的土质条件选用泥浆，通过试验确定泥浆比重，根据开挖情况随时调整泥浆比例和液面标高。

4）槽段成槽完成后，及时完成吊放钢筋笼、水下浇筑混凝土等工序，尽量缩短槽段的搁置时间。

5）抓斗成槽时，保持槽壁液面稳定，避免泥浆液面起伏较大，降低槽壁上部局部坍塌的风险；成槽完成后，及时完成吊放钢筋笼、水下浇筑混凝土等工序，缩短槽段的搁置时间。

5.2.2 地下连续墙接缝处渗漏

（1）设计方案与工程措施

1）地下连续墙宜采用刚性接头或防水接头。

2）必要时在接头位置设置坑外注浆加固或旋喷桩加固止水等措施。

（2）施工措施

1）加强地下连续墙施工阶段的接头质量控制，应采取有效措施防止混凝土绕流。

2）严格控制刷壁次数与质量。

5.2.3 地下连续墙混凝土绕流

（1）设计方案与工程措施

宜采用刚性接头，并设置防绕流铁皮、气垫等措施。

（2）施工措施

1）根据实际成槽情况调整泥浆配比，保持槽壁的稳定性。成槽时注意垂直度及成槽速度，尽量减少对槽壁的破坏。

2）成槽结束、吊放接头箱后，用石子、泥土将接头箱背侧填实并压紧，填至浇筑混凝土标高。效果不佳时将泥土装袋后，填至接头箱背侧进行压实。

3）根据设计的地下连续墙幅长配置双导管、三导管同时浇筑。

4）混凝土浇筑速度不宜过快，其液面应平稳上升。浇筑结束后控制锁口管（接头箱）提拔时机，精确计算混凝土的初凝时间，防止接头箱提拔过早。

5）混凝土浇筑完毕、锁口管（接头箱）拔除后，在相邻槽段10m 范围内尽早清除绕流混凝土。

6）若绕流面积过大且通过以上措施均不能彻底处理时，首先利用工地现有设备将其敲落拎出，如在确定绕流混凝土块位置及深度后，用起重机大块钢板对准槽内混凝土块垂直冲下，将其冲碎后再用成槽机将小块混凝土碎块抓出。

5.2.4 钻孔灌注桩塌孔

（1）设计方案与工程措施

1）采用排桩支护时，应减小桩间距。

2）对桩间土体进行加固，可采用旋喷桩、搅拌桩等。

（2）施工措施

1）采用螺旋成孔钻进含水砂层、干砂层、砂砾层时，应采用低转数钻进，上钻前上下活钻具，挤实孔壁，必要时可投入少量黏泥球，保护井壁。

2）在松散砂土或流砂中钻进时，应控制钻孔速度，选用较大密度、黏度、胶体率的优质浆，如采用投入烧碱、木质素的方法，改善泥浆的性能。

3）孔时应尽量避免大型机械设备作业或施工车辆通过，减小对成孔的扰动，提升钻头或下放钢筋笼过程尽量保持垂直，不要碰撞孔壁，钢筋笼下放之后尽快完成混凝土浇筑。

4）出现孔口坍塌时，应先探明坍塌位置，将砂和黏土（或砂砾和黄土）混合物回填到坍孔位置以上1～2m，如坍孔严重时，应全部回填，当回填物沉积密实后再进行钻孔。

5.2.5 锚杆锚索施工地面塌陷

（1）设计方案与工程措施

1）尽可能避免在高水头富水砂层中，选用锚杆围护体系。

2）宜采用内支撑体系增加围护结构刚度和基坑水平支撑冗余度。

3）避免在高水头富水砂层中选用锚杆体系。

4）富水砂层设计锚杆锚索时，选用套管与锚杆同步钻进成孔工艺，并在开孔位置采用防涌砂装置平衡外部水土压力。

5）高承压水砂层锚杆锚索施工期间，辅以降水措施，保证正常施工。

（2）施工措施

1）可采用套管与钻杆同步钻进成孔工艺，有效保证钻孔空间，防止塌孔；必要时采用两层套管跟进，保证成孔顺利、不塌孔。

2）锚杆锚索施工过程应加强监测。当监测数据预警、异常增大时，应及时启动应急预案。

3）发生地面塌陷时，应立即对地面塌陷部位进行警戒并联系周边管线产权单位，核查道路周边地下管线安全情况；按照产权及相关单位意见及时处理并回填，完成后进行雷达检测，回填疏松处进行地面注浆。

5.2.6　围护桩桩间土脱落及涌水涌砂

（1）设计方案与工程措施

1）加强桩间土挂网喷射混凝土措施，必要时增设短土钉或钢花管注浆。

2）现场准备沙袋及时封堵，必要时对桩间土进行注浆加固或水平旋喷桩加固。

（2）施工措施

1）施工时及时、有效地进行桩间土喷护。

2）地表应布置集水、排水设施，防止地表水渗入坑内。

3）桩间采用注浆或内部膜袋封堵等措施，截断桩间渗水的补给，保证桩间土体稳定。

4）出现涌水涌砂的部位宜采取堆土反压、埋设引水管、挂网喷射混凝土、注浆等措施进行封闭处理。

5.2.7　基坑围护体系坍塌

（1）设计方案与工程措施

1）场地地下水位较高时，宜采用地下连续墙；地下水位较低时，宜采用排桩+止水帷幕，并严格控制止水帷幕施工质量，加强质量检测。

2）采用内支撑体系时，应增加围护结构刚度和基坑水平支撑冗余度。必要时第一道支撑采用钢筋混凝土支撑。

3）加强变形监测和人工巡视。

（2）施工措施

1）基坑应采取先撑后挖、限时、对称、分层、分区的开挖原则；严禁出现反坡、超挖及掏挖。

2）要严格按设计的分段、分层保持必要的纵坡，逐段逐层组织有序、有准备的均衡快速施工，快挖、快撑、快回筑；"三快"使基坑工程在动态平衡中尽快按设计建立起永久性的平衡，达到工程安全和环境安全。

3）严禁出现反坡、超挖及掏挖，土方开挖至钢支撑三角托架底标高时，及时架设支撑，采用钢筋混凝土支撑时，必须达到设计强度后方可进行下层土体开挖。

4）尽量缩短支撑架设时间，应设置支撑防坠措施。

5）增加坑内降水、集水、排水措施，水位降至开挖面以下不小于0.5m方可开挖，并防止客水渗入基坑侧壁地层。

6）地下连续墙异形幅、接头、阴阳角等部位应进行旋喷桩加固，加固深度应延伸至岩面。

7）施工前应进行降水井抽水试验，确定沉降等指标。施工前在重点建（构）筑物、管线、道路间打设回灌井及跟踪注浆孔，当监测数据异常时，及时采取注浆等措施，保证建（构）筑物、管线、道路的安全。

5.2.8 基底突涌破坏

（1）设计方案与工程措施

当基坑底以下存在承压含水层时，应按照规范计算抗突涌稳定性；不满足基坑抗突涌稳定性要求时，应采取封底隔渗或降低承压水头等措施。

（2）施工措施

1）管涌时为防止土体反拱、涌砂，采用泵送混凝土反压，并及时配合抽水。必要时采取增加降水设备等措施，提高管井抽水能力。

2）加强基坑围护结构水平位移、支撑轴力等监测及分析工作。

5.2.9 砂土液化

（1）设计方案与工程措施

1）主体结构底板应避免处于中等或严重液化地层。若不能避免，应根据结构埋深、工程地质水文地质条件及周边环境条件，对液化地层采取换填、注浆、搅拌桩、旋喷桩等加固处理措施。

2）车站处于液化地层时，围护结构宜采用地下连续墙或咬合桩，宜按永久结构设计。

（2）施工措施

严格按设计要求进行砂土液化处理，施工时避免多次扰动。

5.3 大粒径土地层

5.3.1 桩（墙）偏斜

围护结构成孔或成槽等过程中遇漂石孤石形成的软硬不均地层，导致钻头钻进方向或抓斗成槽方向偏离设计轴线，其垂直度达不到设计与规范要求。围护结构成孔或成槽等过程中遇漂石孤石形成的软硬不均地层，导致钻头钻进方向或抓斗成槽方向偏离设计轴线，其垂直度达不到设计与规范要求。

（1）设计方案与工程措施

如遇漂石、孤石地层，围护结构可采用预爆破、全回转全套管钻机取芯、旋挖钻+合金筒钻取芯等预处理方案。

（2）施工措施

1）钻进可采用冲击反循环钻进法、冲抓锥钻进法、回转钻进法等适应地层的方法。

2）成孔或成槽过程中应检测其垂直度。

3）如遇孤石，提钻后应查明孤石产状、大小、形状，制定爆破方案并进行爆破处理。

5.3.2 成孔漏浆

（1）设计方案与工程措施

宜采用全套管钻进等适合卵砾石地层的施工工艺。

（2）施工措施

1）钻孔灌注桩宜采用泥浆护壁工艺。

2）适当提高泥浆的比例和黏度，降低泥浆的滤失量。

3）成孔作业时应随时监测泥浆比例等参数，如遇成孔漏浆应及时进行泥浆置换及清孔，保证成孔质量。

5.3.3 施工机具损毁磨损

（1）设计方案与工程措施

宜采用人工成孔、全套管钻进等适合卵砾石地层的施工工艺。

（2）施工措施

根据卵砾石地层的特点，应选择胎体厚、水口少、硬度高、多保径的孕镶金刚石钻头钻进。

5.3.4 成孔塌孔

（1）设计方案与工程措施

围护体系采用钻孔灌注桩时，宜采用全套管钻机钻进工艺。围护体系采用锚索及土钉时，宜采用跟管钻机的机械成孔工艺。

（2）施工措施

1）钻孔灌注桩宜采用泥浆护壁工艺。

2）适当提高泥浆的比例和黏度，降低泥浆的滤失量。

5.3.5 桩（墙）渗漏

（1）设计方案与工程措施

卵砾石地层宜采用降水辅助措施，围护结构宜采用排桩或土钉支护；当降水对基坑周边建（构）筑物、管线、道路等造成不利影响时，应采取止水措施，围护结构宜采用刚性或防水接头的地下连续墙。

（2）施工措施

1）钻孔灌注桩采用泥浆护壁工艺，应选择合适的泥浆指标。

2）成槽（桩）过程中严格控制垂直度，做好接缝处理。

3）采取降水措施时，围护桩施工应随开挖随挂网喷射混凝土。

4）开挖前对渗漏情况进行检测，发现渗漏提前进行灌浆或注浆封堵处理。

5.3.6 桩间土坍塌或流失

（1）设计方案与工程措施

1）必要时在基坑开挖前对桩间土采取注浆、旋喷加固等预处理措施。

2）土方开挖时及时对桩间土进行喷护。渗漏水严重时，宜采取桩外注浆、桩内增设减压井、桩底堆土反压等止水加固措施。

（2）施工措施

1）基坑应采取先撑后挖、限时、对称、分层、分区的开挖原则。

2）开挖前对渗漏情况进行检测，发现渗漏提前进行灌浆或注浆封堵处理。

3）土方开挖时，应随开挖随挂网喷射混凝土。

5.4 细粗粒土组合地层

5.4.1 基坑围护体系坍塌

（1）设计方案与工程措施

1）宜采用大刚度围护结构+多道支撑体系。

2）当采用地下连续墙作为围护结构时，宜采用刚性接头或防水接头。

3）围护结构深度宜穿透下伏细粒土相对软弱土层，嵌固至粗粒土坚硬土层。

（2）施工措施

1）分层放坡开挖，快挖快撑，严禁超挖。

2）加强对围护结构、附近建（构）筑物、管线、道路的变形沉降监测。发现沉降突变时及时进行处理。

5.4.2 基坑突涌

（1）设计方案与工程措施

1）当基坑底下存在承压水时，应进行坑底抗突涌稳定性验算。当不满足要求时，宜采取在承压水含水层内设置减压井或增加止水帷幕深度等方法。

2）对小型基坑，可采用回灌水、坑内土方回填等方法；大型基坑应立即进行坑内土方回填。

（2）施工措施

1）基坑降水的降深需严格控制，防止周边建（构）筑物及地面发生过大沉降。同时坑外宜设置回灌井，减少坑外沉降。

2）在管涌发生部位的基坑外侧设置井点降水。

5.5 新近沉积土地层

5.5.1 导墙开挖塌方

由于新进沉积软土的低强度和流变性特性，在采用机械和人工开挖导墙过程中，土体剪应力超过土体本身抗剪强度时，或在地下水的作用下，土体丧失整体稳定性，从而产生塌方。

（1）设计方案与工程措施

导墙部位遇新近沉积土应提前采取换填措施，以满足开挖要求。

（2）施工措施

1）换填材料宜采用质地坚硬、强度较高、性能稳定、具有抗侵蚀性的素土、灰土、煤渣、矿渣等。

2）换填时，宜采用人工或机械方法分层压、夯、振动，使之达到设计要求的密实度。

5.5.2 围护墙施工引发周边建（构）筑物变形过大

（1）设计方案与工程措施

1）采用跳槽法施工，减少由于槽段连续暴露对周边建（构）筑物产生不利影响。

2）宜在槽壁两侧采用搅拌桩等预加固措施，以保证成槽过程中槽壁的稳定性，同时形成有效隔离，减少对周边建（构）筑物的影响。

（2）施工措施

1）选择性能良好的泥浆，以保证槽壁稳定。

2）导墙深度不宜小于1.2m。当地下水位过高时宜加高导墙，泥浆面宜高于地下水位以上1m及导墙底面以上 0.5m。

3）先施工槽壁不易坍塌的单元槽段，后施工槽壁不稳定的单元槽段。

4）加强对周边建（构）筑物的变形监测及分析，有效指导施工。

5.5.3 土方开挖塌方

（1）设计方案与工程措施

1）土方开挖过程中，严格遵循时空效应理论，做到“按需降水、分层开挖、及时支撑、快速封闭”，严格控制基坑开挖的坡度。

2）基坑采用集水明排法降水，坡顶设置截水沟，坡脚设置排水沟和集水井。

（2）施工措施

1）排水沟和集水井宜布置在地下结构外边距坡脚不小于0.5m位置。排水沟深度和宽度应根据基坑排水量确定，沟底宽不宜小于0.3m，坡度不宜小于0.1%；集水坑大小和数量应根据地下水量大小和积水面积确定，且直径（或宽度）不宜小于0.6m，其底面应比排水沟沟底深不宜小于0.5m，间距不宜大于30m。

2）基坑上部截水沟与基坑边缘的距离应大于2m，排水沟底和侧壁必须做防渗处理。

5.5.4 基坑围护体系坍塌

（1）设计方案与工程措施

1）宜采用大刚度围护结构+多道支撑体系。

2）当采用地下连续墙作为围护结构时，宜采用刚性接头或防水接头。

3）围护结构深度宜穿透下伏相对软弱土层，嵌固至坚硬土层。

4）当明挖基坑底存在软土且承载力不满足要求时，应进行地基处理；当采用坑底加固时，宜采用旋喷桩或搅拌桩。

（2）施工措施

刚性接头可采用一字形或十字形穿孔钢板接头、钢筋承插式接头。

5.6 土岩复合地层与基岩隆起地层

5.6.1 围护结构变形过大

（1）设计方案与工程措施

1）设计前应核实基岩面及其起伏变化情况，绘制车站围护结构横断面图；可适当加长围护桩嵌固深度或锚杆（索）长度，锚固段延伸至岩层内一定深度。

2）同一基坑采用不同支护形式时，在支护体系转换处宜采取加强措施，围檩重叠长度宜为1倍以上桩间距；减小桩间距并增加桩嵌固深度。

3）应对土岩交界面及下部的界面水和基岩裂隙水采用基坑内径向注浆止水处理措施；浆液可采用水泥-水玻璃双液浆。

（2）施工措施

应进行地质条件核查或超前探测预报，根据实际核查或探测结果调整施工参数，必要时调整施工工艺和设备。当存在较丰富的界面裂隙水时，应提前采取导管引流、集水坑抽排等地下水处理措施。

5.6.2 基坑围护体系坍塌

（1）设计方案与工程措施

1）土岩复合地层围护桩嵌入基底下岩层深度原则：强风化岩层不小于3.5m；中风化岩层不小于 2.5m；微风化岩层不小于1.5m。

2）对基坑内基岩采用爆破处理措施时，应专项设计。

3）存在基岩裂隙水时，应给出合理的地下水处理方案。

（2）施工措施

1）编制试桩方案进行试桩，确定相关施工参数，形成试桩报告。

2）钻孔灌注桩施工不宜选用旋挖钻，土层中采用钢护筒跟进。

3）钻孔灌注桩垂直度检测宜采用探孔器检测，桩身垂直度应满足规范要求。

5.6.3 成孔（槽）困难与孔（槽）坍塌

（1）设计方案与工程措施

1）正式施工前对基岩隆起区段或部位进行试桩作业。

2）基岩隆起区不宜采用吊脚桩。

3）围护桩嵌入基底下基岩深度原则：强风化岩层不小于3.5m；中风化岩层不小于2.5m；微风化岩层不小于1.5m。

4）在基岩隆起区的基岩与上覆较软的第四纪土层或全、强风化岩的接触部位，设计中应对结构的抗变形能力、地基不均匀沉降和稳定性进行专项分析。

5）对基坑内基岩采用爆破处理时，应专项设计。

（2）施工措施

1）对于硬度较高的基岩隆起，宜采用冲击钻机破碎法进行预处理，钻孔时泥浆相对密度应控制在1.1～1.3；对于硬度较低的基岩隆起，宜采用旋挖钻+合金筒钻取芯处理法与全回转全套管钻机取芯处理法。

2）钻孔桩垂直度检测宜采用探孔器检测，桩身垂直度应满足规范要求。

5.6.4 围护结构渗漏

（1）设计方案与工程措施

宜在围护结构外侧采用深孔注浆止水、止水帷幕和降水等地下水处理措施。

（2）施工措施

1）土方开挖前应对影响基坑稳定性的基岩隆起上覆地层，尤其是富水砂层进行预加固，必要时对加固效果进行检测。

2）应对围护结构接头渗漏进行及时的补漏处理，确保基坑工程安全。

3）现场应准备必要的应急物资和设备，在开挖面桩间出现失稳或渗漏征兆时，应及时采取补强加固等措施。

4）对基坑内基岩采用爆破处理时，宜进行试爆破，并根据试爆破效果调整钻孔间距、深度、装药量等参数。

5.7 污染土与有害气体

5.7.1 作业人员健康安全

（1）设计方案与工程措施

1）应加强污染土范围主体结构的防腐蚀及抗裂控制设计。

2）应核查基坑范围内的有害气体情况，必要时采取预处理措施。

（2）施工措施

1）在污染土和有害气体地层进行基坑施工时，应严格遵守有限空间作业安全管理相关规定，严格遵循“先通风、再检测、后作业”的原则。检测有害气体浓度符合国家相关安全要求后，方可进入场地作业。严禁在无防护条件下开展有限空间作业。

2）施工中应对有害气体灾害进行超前地质预测，必要时，设置一定数量的释放孔。

在土方开挖前应对有害气体的治理效果进行检测和评估。

3）基坑开挖过程中应加强通风，作业人员配置相关防护器具，并进行有害气体检测。检测到有害气体时，立即采取防护措施并进行桩孔（槽段）回填，同时采取通风措施，稀释有害气体浓度。

4）对污染土可采用水泥焚烧协同处置污染土方案，利用密封的预处理系统对污染土壤烘干粉磨后，将污染土壤投入主燃烧器，处置有机类或挥发类污染土壤。对重金属污染土壤异位稳定修复，包括污染土壤清挖及稳定化处理。稳定后进行土壤养护。

5.7.2 开挖弃土污染环境

1）施工现场集土坑应设有专门的收集系统，并进行集中消纳处理。

2）对污染土进行修复处理，宜采取异位处理技术。

3）采取污染隔离、阻断等措施，防止污染扩散。

5.7.3 燃烧和爆炸

1）施工作业面范围内不宜明火作业。

2）作业场地配置自动及手动的气体探测警报设备，设置合理的预警值。

3）有害气体区段施工应制定专项施工方案与应急预案，施工时应配备防毒设施和装备。

6 城市轨道交通工程典型地质
矿山法工程安全风险控制

6.1 填土地层

6.1.1 隧道拱顶坍塌

（1）设计方案与工程措施

1）对厚度较大、自稳性差的填土层，宜采取下列设计措施：

当采用降水方案时，拱顶外侧视填土情况采用超前小导管注浆或深孔注浆，必要时可加密超前小导管和格栅间距，减小开挖进尺，或加大深孔注浆范围；当土体严重松散，无法留置核心土或遇到重大环境风险时，开挖前应对掌子面进行预注浆。

当采用止水方案时，隧道周边应进行全断面深孔注浆，注浆范围根据水压大小调整；掌子面应采用深孔注浆进行弱加固，以起到止水和防坍塌作用。

2）对填土层中的地层空洞，宜采取下列设计措施：

对于洞径大于2m的无填充或半填充空洞，通常先采取填砂或泵送混凝土处理，然后进行注浆加固；洞径小于2m的空洞，可采取直接填注水泥砂浆填充，根据地层情况选择不同的浆液类型；还需根据空洞与隧道的位置关系来确定处理方案。

对全填充砂泥空洞，采用压力注浆的方法进行加固填充，注浆材料宜采用水泥浆或水泥-水玻璃混合浆液。注浆时，采用端头带有梅花形小孔的花管或采用袖阀管，控制压力从低到高，间歇、反复注入。

3）对填土层的水囊区段，设计应要求施工加强地质探测，确定水囊情况后开展相应处理措施。

（2）施工措施

1）对填土层：要严格按照施工图设计进行超前小导管、大管棚等预加固，完成后及时进行加固效果检测，确保达到设计要求。严格控制开挖进尺，尽量选择人工开挖，必要时可适当减小格栅间距，缩短每榀进尺。开挖支护应严格按照“管超前、严注浆、短开挖、强支护、勤量测、早封闭”的十八字方针。

2）支护必须紧跟开挖土方工序，初支施工过程中及时进行初支背后注浆，多导洞开挖时多次补注浆，严格控制注浆压力和注浆量，保证注浆效果。

3）对地层空洞区：按设计措施及时进行地面预处理。根据地层空洞普查结果，定期对地表以下5m范围内存在的空洞进行地面预处理。施工中采用超前地质探测，重点查明空洞的分布位置范围、大小、埋深及充填物等，会同设计等单位，根据空洞情况的不同，采取相应的处理措施。如空洞规模较小，可采取地面或洞内压注水泥浆；如空洞规模较大，可在地面采取回填混凝土处理，洞内宜采取帷幕注浆的方式分段通过。应采取钻孔取芯、雷达探测等方式对地层空洞处理效果进行检查。

4）施工中采用超前地质探测，重点查明空洞的分布位置范围、大小、埋深及充填物等，会同设计等单位，根据空洞情况的不同，采取灵活的处理措施：如空洞规模较小，可采取地面或洞内压注水泥浆；如空洞规模较大，可在地面采取回填混凝土处理，洞内宜采取帷幕注浆的方式分段通过。

5）对水囊区段：施工过程中，如发现存在水囊，宜开展补充钻探、物探、超前钻孔等补充地质工作，加强超前地质探测，进一步查明地层内水囊的方位及大小，根据水囊情况采用相应的加强技术措施。

6.1.2 结构开裂与不均匀沉降变形

（1）设计方案与工程措施

1）对填土层，应在导洞台阶位置设置锁脚锚管，防止拱脚收缩和掉拱。必要时设置临时仰拱。

2）对地层空洞区首先应按5.1.1节中相应措施进行处理，并通过纵向连接筋等措施加强结构整体性。

（2）施工措施

1）在填土层施工时，应做好初支格栅拱脚或墙脚位置的地基加固，并及时打设锁脚锚管。

2）宜对地层空洞区提前进行大管棚等防坍塌处理，提高隧道结构刚度。

6.1.3 掌子面涌土涌水

（1）设计方案与工程措施

1）要求施工中做好超前地质探测预报，准确确定水囊边界。

2）设计应提出针对性专项处置措施。

（2）施工措施

1）开挖前，如地层有渗水现象，要对前方地层进行超前探测，查明前方地层及地下水情况，完善相应处理措施。

2）当拱顶上方存在水囊时，开挖前应探明水囊底部与隧道拱顶之间的距离和土层岩性等，尽量减少施工对水囊的扰动。

3）当掌子面前方存在水囊时，应根据水囊规模做好引排、注浆填充工作，尽量减少对隧道开挖的影响。宜优先采用插管导流等引排方式将水囊内水体排出。

4）对于不明水源，应及时封闭掌子面，待调查清楚并有效处置后方能继续施工。

6.2 砂性土地层

6.2.1 隧道拱顶或开挖面坍塌、隧道上拱下沉易侵陷

（1）设计方案与工程措施

1）采用小导管注浆超前加固拱顶无水松散砂层、粉细砂及中砂层，应选择改性水玻璃浆，对无水粗砂，应选择单液水泥浆。

2）当采用降水方案时，根据隧道断面大小、地层及周边环境等条件，采用超前小导管注浆或深孔注浆对地层进行预加固，必要时采用大管棚措施，以防止拱顶坍塌；当砂层严重松散，无法留置核心土或遇到重大环境风险工程时，应考虑进行掌子面预注浆，如叠加仰挖施工，掌子面预加固应采用全断面注浆等方式进行加强。

3）当采用止水方案时，对隧道周边进行全断面深孔注浆，注浆范围根据水压大小调整；掌子面应采用深孔注浆进行弱加固，保证止水和防坍塌效果。

（2）施工措施

1）对部分无法自稳的砂土地层，优先采用地层加固的改良措施进行超前加固，必要时可调整核心土及台阶长度，以保证掌子面稳定。

2）为防止开挖过程中出现拱脚悬空，造成上拱下沉，格栅架设时应预留沉降量，在上拱格栅架设完成后及时打设锁脚锚管，并在拱脚用砌块或方木垫实。必要时在拱脚位置进行锁脚管注浆或与上一榀格栅焊接固定。

3）为防止隧道上拱下沉，应适当增加锁脚锚管长度、数量和打设水平夹角。

4）开挖过程中出现的塌方部位应及时灌喷、做好标记，并留设注浆管。在初支成环5m后，封闭掌子面进行补充注浆。同时在初支贯通后二衬施工前对初支背后进行雷达扫描，对存在松散严重及空洞部位，进行背后注浆处理。

6.2.2 马头门开挖坍塌

（1）设计方案与工程措施

1）当采用降水方案时，马头门开设前应根据地层情况选用超前小导管注浆加固马头门拱顶范围地层，防止马头门拱顶坍塌。

2）当采用止水方案时，马头门开设前应对马头门周边一定范围内地层采用深孔注浆加固，对富水砂层，宜选用水泥-水玻璃双液浆；遇到粉细砂地层或重大环境风险源时，可配合采用超前小导管注浆、大管棚等措施防止坍塌。

3）既有结构内开设多个马头门的情形，马头门开挖应按顺序进行，同一既有结构内的马头门不得同时施工。多个马头门开设时，一般采取交叉进洞方式，一侧隧道掘进15m后，方可开启另一侧马头门。马头门标高不一致时，宜遵循“先低后高”的原则。

4）马头门部位对应地表处应设置沉降变形等监控量测点。

（2）施工措施

1）施工中应严格按照“先加固、后开挖”的原则进行施工。

2）马头门拱部外轮廓线应按设计要求进行地层加固。

3）破除马头门前，应做好马头门区域既有结构支撑体系的受力转换。

4）马头门的开挖应分段破除既有结构井壁，宜按照先拱部、再侧墙、最后底板的顺序破除。

5）马头门处隧道应密排三榀钢格栅；隧道格栅主筋应与既有结构格栅主筋、连接筋焊接牢固；隧道纵向连接筋应与既有结构主筋焊接牢固。

6）施工中严格贯彻“管超前、严注浆、短开挖、强支护、勤量测、早封闭”的十八字方针。

7）开挖过程中必须加强监测，一旦土体出现坍塌征兆或支护结构出现较大变形时，应立即停止作业，经有效处理后方可继续施工。

8）停止开挖时，应及时挂网喷射混凝土封闭掌子面；因特殊原因停止作业时间较长时，应对掌子面采取钢格栅挂网喷射混凝土的加强封闭措施。

6.2.3 拱顶坍塌

（1）设计方案与工程措施

1）宜采用深孔注浆（或配合小导管棚护）对地层进行预加固，必要时采用大管棚措施，以防止拱顶坍塌。

2）初支施工过程中及时进行初支背后注浆，多导洞开挖时应多次补注浆，严格控制注浆压力和注浆量，保证注浆效果。

（2）施工措施

1）严格控制开挖参数，严禁超挖。

2）及时架设钢格栅、封闭成环、喷射混凝土。

3）加强初支壁后回填注浆，控制松动区范围的扩展。

6.2.4 开挖面涌土涌砂

（1）设计方案与工程措施

根据地层地下水条件，设计可采取切断水源、施工降排水、局部注浆止水、开挖面全断面注浆等地下水处理措施。当采用降水方案时，粉细砂等地层降水效果不好，可能发生开挖面涌水涌砂情况；当采用止水方案时，含水砂土层更易发生开挖面涌水涌砂情况。设计可增加掌子面挂网喷射混凝土等临时封闭措施。

（2）施工措施

1）隧道开挖前，如地层有渗水现象，要对前方地层进行超前探测，查明前方地层及水层情况，避免前方存在水囊、空洞，造成开挖的土体坍塌和涌水事故。

2）施工前和施工中核查雨污水及供水管线渗漏或破裂情况、场区附近地下设施充水和渗流情况、地表水体与开挖面的水力联系情况，为优化地下水处理措施提供依据。

3）对饱水粉砂粉土层，当降水效果不理想时，可辅助采用水平真空降水等工艺进行辅助降水。

4）对部分无水砂土地层，每步开挖后应及时对暴露面进行喷射混凝土临时封闭，并在拱顶加密超前小导管，必要时可调整核心土及台阶长度，以保证掌子面稳定。

5）开挖过程中对出现的塌方部位应及时封闭掌子面、灌喷、做好标记，并留设注浆管。在初支成环5m后，利用注浆管对该部位进行补充注浆。同时在初支贯通后二衬施工前对初支背后进行雷达扫描，对存在松散严重及空洞部位，进行背后回填处理。

6.2.5 大管棚施作塌孔形成空洞或地面坍塌

（1）设计方案与工程措施

1）易坍塌地层应优先采用管幕或大管棚超前加固措施。

2）设计中应选择合适的管径、壁厚、管间距、纵向搭接长度及上仰角。

（2）施工措施

1）管棚钢管打入土体后应跳孔向钢管及周边土体压注水泥浆或水泥砂浆，使钢管与周围土体密实。

2）施工完毕后，及时进行空洞探测，对空洞、水囊区及时采取回填注浆措施，防止地面塌陷。

6.2.6 初支结构过大变形或开裂

（1）设计方案与工程措施

1）应在导洞台阶位置设置锁脚锚管，调整台阶长度，增设上台阶仰拱，防止拱脚收缩和掉拱。

2）应适当加密纵向连接筋，加强初支结构纵向整体性。

（2）施工措施

1）施工中应防止砂土地层水土流失。

2）对部分无法自稳的砂土地层，每步开挖后应及时对暴露面进行喷射混凝土临时封闭，必要时可调整核心土及台阶长度，以保证掌子面稳定。

3）开挖过程中对出现的塌方部位应及时灌喷、做好标记，并留设注浆管。在初支成环5m后，利用注浆管对该部位进行补充注浆。同时在初支贯通后二衬施工前对初支背后进行雷达扫描，对存在松散严重及空洞部位，进行背后回填处理。

6.2.7 施工振动引发地层液化

（1）设计方案与工程措施

采用注浆等手段改变土质状态，抑制地层液化。

（2）施工措施

1）如遇爆破或管棚等振动施工情况时，应及时封闭易液化地层区域的作业面。

2）加强监测，不断反馈，调整注浆范围和参数。

3）在砂土地层打设小导管杜绝采用振动力过大的打设方式，可采取静力钻孔或吹孔成孔后，插入小导管的方式完成小导管打设；如必须采用振动打设方式，则必须在打设前对掌子面土体进行临时封闭。

6.3 大粒径土地层

6.3.1 初支结构位置漂石坠落及其引发上方土体坍塌

（1）设计方案与工程措施

采用超前加固方案，并在漂石、孤石周边轮廓区域扩大超前加固范围。

（2）施工措施

1）施工期间应对漂石的稳定性进行监视，必要时对拱顶和侧壁出现的漂石采取有效的支撑加固措施。

2）开挖中遇漂石、孤石侵占初支结构空间，观察周围岩土体加固效果，在确保加固效果的前提下，挖除漂石、孤石，并对挖除后产生的空腔采用无机料进行填充；若侵入范围较大，应采取异形钢格栅先行处置，再采取机械爆破或局部拆除的方式进行处理。

3）漂石、孤石处理完毕后应及时施作初支结构，封闭成环。

6.3.2 爆破振动引起岩土体失稳

（1）设计方案与工程措施

应做好爆破专项设计，并选择合适的炸药品种和起爆时差。

（2）施工措施

1）加强精细化爆破施工和爆破振动监测。

2）采用短进尺、少装药的方式来降低爆破振动强度。

3）爆破应严格按照相关标准控制，做好对初支结构、周边管线、建（构）筑物等的防护。

6.3.3 隧道开挖面涌水涌砂

（1）设计方案与工程措施

1）在无降水条件的富水卵砾石地层进行矿山法施工时，需对隧道周边一定范围内进行深孔注浆，并多次补浆。

2）对富水卵砾石地层掌子面应进行深孔注浆加固，并做好渗漏水的引排。

3）详细调查地下水的补给来源，采取措施切断其补给。

（2）施工措施

1）详细调查地下水的补给来源，采取措施切断其补给。隧道开挖施工前，对沿线地层和管线进行普查，发现有管线渗漏的情况立即通知相关单位进行修补和加固，同时采取可靠的保护措施。

2）加强地下水位监测，同时加强隧道渗漏水巡视，做好引排。

6.3.4 马头门开挖坍塌

（1）设计方案与工程措施

1）综合考虑地层情况、小导管打设难易程度、断面尺寸及周边风险工程情况，可选择深孔注浆进行地层加固。

2）隧道马头门处联立密排三榀格栅，且马头门进洞第一榀钢格栅架设在井壁或既有通道平面内，与被割断的竖井或既有通道钢格栅及连接筋焊接成一体。

3）密实喷射混凝土，将通道马头门第一榀格栅与既有通道格栅形成整体式环梁。

（2）施工措施

1）对于级配差的砂卵石地层或之前施工扰动过的级配良好的砂卵石地层，在开挖前必须做好超前加固措施，且保证加固效果。

2）参见砂性土层马头门开挖坍塌章节相关内容。

6.3.5 拱顶及开挖面坍塌

（1）设计方案与工程措施

1）富水卵砾石地层应设计适宜的降水、排水或止水方案，确保无水作业条件。

2）设计应根据地下水控制方案，同时兼顾大粒径土层粒径大小，采取适宜的工程处理措施。关注超前加固施工质量，深孔注浆或管棚的数量、长度、外插角、搭接长度、注浆压力等参数应合理设计，并要求施工根据地层特性调整注浆参数及工艺。

（2）施工措施

1）台阶法施工时，台阶长度不得超过一倍洞径；掌子面采用人工开挖预留核心土，应保证核心土的留置尺寸，避免核心土在作业过程滑塌损失。

2）严格按设计要求打设锁脚锚管，保证长度和角度，保证纵向连接筋和钢筋网的焊接和搭接质量；下台阶钢格栅和仰拱施工要一次成型，保证封闭成环；开挖完成后及时架设钢支撑和挂网喷射混凝土。

3）开挖过程中上、下台阶间隔不宜过短，防止下台阶滑塌引发上台阶掌子面坍塌。

4）挖后及时架设格栅钢架并喷射混凝土，利用时间–空间效应，减小围岩暴露时间，从而减小坍塌风险。

5）多层洞室开挖过程中，应随开挖清理黏接在上层底板下方的卵石，防止卵石砸落伤人。

6）开挖过程中如出现小范围的局部坍塌时，应立即停止开挖，探明坍塌深度范围，注浆管插入坍塌体，封堵工作面，根据地质情况、坍塌范围和部位，及时填充密实，待制定可行的防止继续坍塌措施后方可继续施工。

7）机械开挖时避免超挖扰动地层造成掌子面失稳。同时，避免操作不够精细挤压围岩造成掌子面失稳。

8）加强监控量测，根据监测结果调整施工工艺和参数。

6.3.6 导洞初支失稳

（1）设计方案与工程措施

1）超前加固、格栅间距、开挖步序、开挖台阶长度等参数应合理设计。采用临时支撑时，严格控制每步的开挖断面尺寸。

2）二衬拆撑施工时，设计应要求施工设置试验段，确定合理的拆撑长度和拆撑方式，动态设计，确保初支结构稳定；地层较差或周边存在重大风险源区域时，拆撑及二衬应采取跳仓法作业。

（2）施工措施

1）土方开挖完成后，格栅拼装首选螺栓连接，避免采用耗时较长的焊接连接，纵向连接筋也宜选用机械连接方式，以减小周边土体暴露时间。喷射混凝土应采用分层喷射，尽早完成围岩封闭，杜绝堆喷。

2）二衬施工前，严格按照设计及施工组织设计要求的方式、时间和顺序拆除临时支撑。

3）加强拱顶沉降、收敛和应力应变的监控量测，并加强对监测数据的整理分析，如发现异常立即停止施工，对初支进行加固处理后才可复工。

4）进行背后注浆时，随时监测初支的变化情况，严格控制注浆压力。

5）砂卵石地层孔隙多、渗透系数大，回填注浆主要以注浆量进行控制，辅以支护结构变形监控数据确定。

6.3.7 大管棚施作地层沉陷

相关内容参见砂性土大管棚施作塌孔形成空洞或地面坍塌相关章节（6.2.4）

6.3.8 管棚施工角度偏差过大

对直径大、施作距离长的管棚，偏移控制可采用以下措施：

1）采用有线仪器定向、一次性导向跟管钻进技术，以管棚钢管为钻杆，采取钻进、铺管一次完成。

2）加强上下偏移、方位偏移控制，加强过程监控与纠偏。

6.4 细粗粒土组合地层

6.4.1 马头门（小导洞）开挖土体变形过大

1）当开挖面为上部为黏性土层下部为粉土或砂卵石层（不含水）时，对性质较差、遇水软化的黏性土层，设计应进行全断面注浆加固，注浆工艺采用劈裂注浆法或电动硅化注浆法，以改良土体的性质。

2）缩短开挖进尺，及时进行初期支护，缩短开挖后的暴露时间。加强初期支护，进洞时宜密排钢格栅不少于三榀。

6.4.2 钢格栅下沉

（1）设计方案与工程措施

1）上部为黏性土层下部为粉土或砂卵石层（不含水）的开挖面，如拱脚位于性质较差、遇水软化的黏性土层中，根据断面大小，必要时可增设临时仰拱。提高初期支护的强度，宜采用钢格栅。导洞台阶位置应设置锁脚锚管，并与钢格栅焊接牢固。

开挖面上部为黏性土层下部为粉土或砂卵石层（含潜水）时，主要存在开挖面带水作业风险，通过计算，合理确定降水井数量及降水深度。

2）开挖面上部为黏性土层下部为粉土或砂卵石层（含承压水）时，主要存在拱顶及开挖面坍塌风险，必要时通过计算，增加降水井数量，有效增大降水井总体抽排能力。

（2）施工措施

1）对锁脚锚管进行注浆，浆液采用水泥浆或水泥砂浆，浆液压力通过现场试验进行确定，保证土体加固效果良好。下台阶开挖过程中控制开挖量，避免因超挖导致下一榀钢格栅拱脚悬空，并及时进行格栅架设及锚喷，使支护体系封闭成环。加强拱顶沉降监控量测，必要时对初支结构底部进行注浆加固处理，防止钢格栅下沉。

2）开挖面上部为黏性土层下部为粉土或砂卵石层（含潜水）时，施工时应重点关注开挖面带水作业风险，措施如下：地下水影响范围设置地下水位观测井，安排专人进行地下水位监测，根据观测水位变化及时调整降水量；对附近存在河流、湖泊的施工地点，应关注生态补水信息，提前预测水位上涨情况，增加必要的控制措施；现场采用双电源系统，以应对停电或电路故障导致降水设备无法工作的风险。

3）开挖面上部为黏性土层下部为粉土或砂卵石层（含承压水）时，施工时应重点关注拱顶及开挖面坍塌风险，措施如下：降水措施参考开挖面上部为黏性土层下部为粉土或砂卵石层（含潜水）；如降水困难，可增加砂卵石地层隧道周边深孔注浆等措施，采用降止结合的方法，并防止产生地下水突涌。

6.4.3 马头门（小导洞）开挖土体变形过大

1）开挖面上部为黏性土层下部为粉土或砂卵石层（不含水）时，对注浆效果欠佳部位缩短每榀开挖进尺，严禁超挖，及时进行钢格栅安装及锚喷施工，减少土体暴露时间，降低坍塌风险。

2）马头门破除前需做好原初支结构临时或永久支撑。马头门进洞时，首榀格栅需与原初支格栅连接形成整体，逐榀进行开挖及支护。

3）如需反挖施工，前3榀格栅先逐渐抬升至隧道初支设计尺寸，待初支施工超过一定安全距离后，再进行反挖处理。

4）破除马头门时，在该部位及对应地表处增设监控量测点，加强监测，密切关注其变化，必要时采取补强措施。

6.5 新近沉积土地层

6.5.1 拱顶及开挖面坍塌

（1）设计方案与工程措施

1）对含水量丰富的新近沉积土层，可在开挖前采取全断面注浆、水平旋喷等加固措施。

2）导洞台阶位置应设置锁脚锚管，并与钢格栅焊接牢固。

（2）施工措施

1）施工前对局部新近沉积土层夹层区域进行补充勘察，准确了解新近沉积土层夹层的分布及厚度。

2）开挖前根据设计要求对开挖面及周边范围进行全断面注浆加固，并对注浆情况进行检测确认。

3）土方开挖过程中，严格按“管超前、严注浆、短开挖、强支护、勤量测、早封闭”的十八字方针进行施工，适当减小开挖步距，土体开挖暴露后及时支护，快速封闭。

4）暂停施工的掌子面应采用型钢+拉结筋+挂网+喷混进行支护。

5）加强监控量测，根据监测结果调整施工工艺和参数。

6.5.2 马头门开挖坍塌

参见6.2.2节相关内容。

6.5.3 地层产生过大沉降并影响周边环境

（1）设计方案与工程措施

参见6.5.1节相关内容。

（2）施工措施

1）在周边环境复杂地段，有条件的情况下，采用管棚、管幕等超前加固手段有效控制地层沉降，尽量减小对周边环境的影响。

2）做好周边建（构）筑物、管线、道路的监控量测工作，适当加大监测频率，做好监测资料的整理分析工作。

6.6 土岩复合地层

6.6.1 上砂卵石层下基岩层

（1）开挖面上部为砂卵石层下部为基岩层（全、强风化）

上部砂卵石下部基岩（全、强风化）可挖性较好，风险及控制措施参考6.3.3节相关内容。

（2）开挖面上部为砂卵石层下部为基岩层（中、微、未风化）

应重点关注开挖面坍塌、地表沉陷等施工安全风险，设计方案与工程措施如下：

1）做好地质预报工作，尽量掌握基岩风化程度、强度突变及地下水情况，根据地质水文情况及变化趋势，制定不同的分区开挖针对性支护方法。

2）根据地质水文情况，在开挖前做好超前加固措施（如小导管注浆、管棚止水帷幕和降水等方法），尤其应做好上部土质地层的加固，通过试验段的方式，检校加固效果（采用物探、钻探取样等方法），检校土方开挖与加固匹配度。

3）不断优化爆破设计及施工，尽量降低爆破对围岩的扰动，避免出现欠挖或超挖现象。

4）土方开挖后及时架设格栅钢架并喷射混凝土，利用时间–空间效应，减小围岩暴露时间，从而减小坍塌风险，开挖过程中，必须保证开挖导洞、台阶、核心土等留置规模及前后安全步距。

5）土方开挖完成后，格栅拼装首选螺栓连接，避免采用耗时较长的焊接连接，纵向连接筋宜选用机械连接方式，以减小围岩暴露时间。喷射混凝土应采用分层喷射，尽早完成围岩封闭，杜绝堆喷。

6）采取必要的降振措施，包括选择合理的槽眼布置、炸药品种和用量、起爆时差、爆破循环进尺等，尽量防止欠挖，避免多次爆破对地层的连续扰动。

7）宜采取半断面深孔注浆对上部散粒砂卵石地层进行加固。

8）加强监测工作，监测内容包括爆破振动、噪声和地表沉降等。

9）当下部基岩存在裂隙水时，注意防范裂隙水的承压性对矿山法工程的影响，设计时应做好相应的计算，并进行应急设计。

10）当下部基岩存在裂隙水时，注意防范裂隙水的承压性对矿山法工程的影响。

6.6.2 上粉土、黏性土层下基岩层

（1）开挖面上部为粉土、黏性土层下部为基岩层（全、强风化）

上部不含水密实粉土地层开挖条件稍好，有利于开挖面稳定；下部基岩（全、强风

化）可挖性较好，应重点关注的施工风险控制措施参考细粒土组合地层章节相关内容。

（2）开挖面上部为粉土、黏性土层下部为基岩层（中、微、未风化）

应重点关注的施工风险控制措施参考6.6.1节相关内容。

（3）施工措施

1）土方开挖后及时架设钢格栅并喷射混凝土，减小围岩暴露时间，从而减小坍塌风险。开挖过程中，必须保证开挖导洞、台阶、核心土等留置规模及前后安全步距。

2）土方开挖完成后，格栅拼装首选螺栓连接。纵向连接筋宜选用机械连接方式，以减小围岩暴露时间。喷射混凝土应采用分层喷射，尽早完成围岩封闭，杜绝堆喷。

3）开挖过程中，应做好支护结构、地表及周边环境监测，以监测数据动态指导施工。

4）现场应准备必要的应急物资和设备，在开挖面出现失稳或渗漏征兆时，及时采取补充加固等措施。

（4）监测、检测措施

1）根据设计图纸中的监测项目、频率和预警控制值做好地面、洞内及围岩压力等各项监测及其预警、反馈、控制工作。

2）施工期间做好地表水、裂隙水等地下水的监测工作，对于地质突变的区段，应进行地质超前探测。

3）爆破施工的，应采用爆破测振仪监测爆破开挖对建（构）筑物、管线、道路的振动影响。

6.7　基岩隆起地层

6.7.1　开挖面坍塌

（1）设计方案与工程措施

1）对前方围岩破碎、地下水丰富地段，可采用超前小导管注浆、全断面帷幕注浆等措施进行预加固，或采取降水措施。

2）当前方裂隙发育的岩体、断层破碎带地下水较少时，可采用超前锚杆进行预支护。

3）当隆起基岩强度较大时可采用光面爆破技术，并进行爆破振速控制。

（2）施工措施

1）在基岩隆起区段施工前，应通过探孔对基岩风化程度、强度突变、地下水情况等进行超前探测，同时对掌子面进行地质素描，对前方塌方的可能性进行预判，并提前采取应对措施。

2）对影响隧道稳定性的基岩隆起上覆地层尤其是富水砂层，提前进行加固，必要时可采用物探、钻探取样等方法对加固效果进行检测。

3）制定分布爆破方案解决临时竖向支撑掘进过程中吊脚的通病。

6.7.2 开挖面爆破作业安全

1）加强爆破振动、飞石、噪声控制。

2）加强爆破有害气体及粉尘控制。

3）关注盲炮预防及处理。

4）采取爆破振动管理措施。

6.8 污染土与有害气体地层

6.8.1 作业人员健康安全

（1）设计方案与工程措施

污染土中如存在有害气体，应在设计中针对有害气体的特性，在地铁构筑物的结构设计上予以足够的重视，对有害气体的施工期防护和运行期防护做出明确设计，特别是止水结构的设计应考虑有害气体的防漏材料。

（2）施工措施

1）施工过程中应采用专业检测设备对挥发性有害气体进行监测。如发现异常，应立即停止施工，查明原因，并进行处理。

2）在土方开挖前应委托具有资质的实验室对有害气体的治理效果进行检测和评估，确定是否存在残留污染物可经呼吸吸入和皮肤接触等方式对人体健康产生危害。

3）针对污染土和有害气体应编制专项处理方案，对后期施工提供指导，以保障工程的顺利进行。

4）针对有害气体地层中进行施工，应配置气体探测设备，设置合理的预警值，针对可能出现的各种风险编制应急预案。

5）施工过程中严格执行每天“先通风、再检测、后作业”的原则，气体检测应按照氧气含量、可燃性气体、有毒有害气体顺序进行，检测内容至少应当包括氧气、可燃气、硫化氢、一氧化碳等。

6）实施检测时，检测人员应处于安全环境，检测隧道内可能存在的危害因素。检测时要做好检测记录，包括检测时间、地点、气体种类和检测浓度等。

7）根据作业现场和周边环境情况，检测指标包括氧浓度值、易燃易爆物质浓度值、有毒气体浓度值等。

8）在作业环境条件可能发生变化时，应对作业场所中危害因素进行持续或定时检测。作业人员工作面发生变化时，应重新检测后再进入。

9）必要时，设置一定数量的释放孔。

10）隧道内存在积水、污物的应予以清理干净，通风后气体检测结果达标后方可进入作业面。

11）隧道内要采取可行的通排风措施，合理配置通风设备，作业人员施工中应做好个人防护措施。

12）出现作业人员中毒时，应采取如下应急措施：

a.施救前遵循“先通风、再检测、后作业”的原则，通风后再施救避免二次伤亡。

b.进入施工场地抢险的人员必须佩戴有效的防护措施（如穿戴防护服、佩戴防毒面具、防爆服、呼吸器、对讲机等）。

c.施救过程中隧道外应有看护人员，与施救人员保持通信畅通。

d.疏散有毒、易爆炸气体影响范围内的居民、行人。

6.8.2 开挖弃土污染环境

参见5.7.2节相关内容。

6.8.3 燃烧爆炸

1）在进行矿山法区间隧道作业时，宜采用轴流风机、风筒强制通风，以保证区间隧道内空气新鲜、流通。

2）其他参见5.7.3节相关内容。

7　城市轨道交通工程典型地质
盾构法工程安全风险控制

7.1　填土地层

7.1.1　始发接收端加固效果不佳

（1）设计方案与工程措施

1）适当增大加固区段的范围，加密钻孔注浆注浆钻孔间距。

2）重点控制加固区的薄弱环节，包括加固体与围护结构之间的间隙、桩的咬合位置等。

（2）施工措施

1）对开挖面前方20m范围提前实行障碍物探测，可采用超声波方式，及时查出大石块、废桩等。

2）应对加固体及时进行加固效果检测。可采用垂直抽芯和水平探孔相结合的方式检查洞门加固效果。垂直抽芯的部位应注重桩的咬合部位，芯样的连续性应达到90%以上；水平探孔的位置主要分布在洞门周圈。如发现加固效果达不到要求，应分析原因，并立即采取针对性的补充加固措施。

3）应对抽芯和探孔部位进行有效的注浆充填。

4）对存在地下空洞的区域或部位应及时处理，处理完成后28d应进行钻孔抽芯检测，确认满足相关的要求（强度、渗透系数等）后，才能继续组织掘进施工，否则应采取补充注浆处理。

7.1.2　盾构组装和拆卸吊装时起重设备倾覆

（1）设计方案与工程措施

在松散性填土和不均匀填土层中进行盾构组装和拆卸吊装时，宜对周边表层土进行预加固设计，加固深度及强度应能满足吊装最大地基承载力需要。

（2）施工措施

对吊装设备区域的加固效果进行雷达探测，必要时进行地面堆载预压沉降观测，检测合格后再进行盾构组装和拆卸吊装。

7.1.3 盾构掘进姿态差

（1）设计方案与工程措施

盾构掘进前可采用地面预处理或洞内处理的方法，对松散土层进行加固。

（2）施工措施

1）对开挖面前方20m范围实行障碍物探测，预判地质情况。

2）如探测发现大石块、废桩等，可采用如下措施：附设从密封舱隔板中向工作面延伸的钻机，对障碍物进行预破除；根据地层条件确认加固方式，采取常压方式或压气作业方式对大石块、废桩等进行人工破碎；设置石块破碎机，将石块破碎到粒径10mm以下，以便沿泥浆泵排出。

3）盾构掘进时，观察盾构机仪表盾构推进压力情况，控制油缸推力，保持良好盾构姿态。纠偏时应控制单次纠偏量，应逐环和小量纠偏，不得过量纠偏。在盾构掘进完成后，宜增加同步注浆量，控制好注浆压力，并加强管片螺栓复紧管理。

7.1.4 盾构掘进地面坍塌或机具陷落

（1）设计方案与工程措施

1）根据已探测出的地层空洞规模确定处理方案。如空洞规模较小，宜采取地面或洞内压注水泥浆或水泥砂浆处理；如空洞规模较大，宜采取回填混凝土处理。

2）根据地层空洞与隧道的位置关系来确定处理方案。位于隧道拱顶、边墙上部、中部的空洞，宜采用压注水泥浆处理，以稳定围岩，提高和保证隧道开挖的安全性。位于隧道边墙下部的空洞，宜采用压注水泥砂浆或回填素混凝土处理，以满足围岩稳定的需要。位于隧道底部的空洞，宜采用回填素混凝土处理，以同时满足稳定围岩和隧道基底长期稳定。

3）根据已探测出的水囊规模确定处理方案。如果水囊规模较小，宜采取地面或洞内压注水泥浆或水泥砂浆处理；如水囊规模较大，宜采用抽水、回填处理。

（2）施工措施

1）对盾构前进方向地面区域进行雷达探测，对盾构区段进行沉降观测预判地质情况，盾构掘进中观察盾构机仪表盾构压力情况。

2）在工程中遇到地层空洞或水囊时，应采取可靠的探测方法查明空洞或水囊的大小、埋深、具体位置，并根据探孔取出的空洞内充填物的情况来选择有效的处理措施。

3）空洞或水囊处理完成后28d应进行钻孔抽芯检测，确认满足强度、渗透系数等要求后方可继续组织掘进施工，否则应加强补浆。

4）盾构掘进中，观察盾构机仪表盾构压力情况。

7.2 砂性土地层

7.2.1 盾构始发接收端加固效果不佳

（1）设计方案与工程措施

1）对富水砂层的始发接收，可采用降水方案或冻结法加固，但需从经济性、可行性上进行慎重比选。同时，可考虑采用套筒接收方案。

2）对无水砂土层，宜采用旋喷等常规加固方案。

（2）施工措施

1）针对无水砂土层的加固，施工中应合理确定加固参数，在洞门附近加密旋喷和搅拌桩间距，通过试桩调整施工工艺和参数。

2）宜采用垂直抽芯和水平探孔相结合的方式检测加固体抗渗性能或检查洞门加固效果。桩咬合部位的垂直抽芯芯样的连续性应达到90%以上，水平探孔的位置应主要分布在洞门周圈。

7.2.2 盾尾泄露

1）发现盾尾有泥沙漏涌迹象，应立即停止推进并进行封堵。

2）现场备足膨润土泥浆或泡沫剂、聚氨酯、海绵板、快凝快硬水泥、盾尾油脂等应急物资。

7.2.3 同步注浆效果差

（1）设计方案与工程措施

应采取注浆量和注浆压力双重指标进行控制。

（2）施工措施

1）同步注浆宜先分段注止浆环，再注浆充填密实，以确保盾构注浆效果；粉砂段注浆应采用快凝早强注浆材料。

2）二次补浆宜在脱出盾尾 5 ~ 8 环时进行。

3）对盾构前进方向地面区域进行雷达探测，对盾构区段进行沉降观测，预判地质情况。

4）注浆时应加强地面巡视，特别加强对周边建（构）筑物及地下室的巡视，发生地表隆起等异常情况时立即停止注浆并采取针对性措施。

5）对盾构前进方向地面区域进行雷达探测；对盾构区段进行沉降观测，预判地质情况；盾构掘进中观察盾构机仪表盾构压力情况。

7.2.4 盾构喷涌及盾构姿态差

（1）设计方案与工程措施

1）对饱水粉砂粉土层宜采取基底加固等止水加固措施。

2）盾构机设计应具备加泥浆或泡沫功能，螺旋出土器应设有防喷装置，防止喷涌带来的地面沉降。

3）盾构开仓、联络通道施工时，有条件时宜采用冻结法加固、降水处理等方案。

4）盾构始发、到达时，应做好端头加固及洞门密封，控制掘进压力，必要时增加降水井。

5）具备施工条件的前提下，应对周边重要建（构）筑物、管线、道路等采取必要的加固保护措施，并加强监测工作。

（2）施工措施

1）为防止盾构机“栽头”，盾构试掘进时，盾构姿态宜适当高于设计轴线；掘进过程中应做好各类参数控制与优化，并形成试掘进总结报告，用于指导下一步施工，试掘进长度宜为50～200m。

2）宜采用自动导向系统和人工测量辅助进行盾构姿态监测；采用分区操作盾构推进油缸控制盾构掘进方向。

3）对盾构前进方向地面区域进行雷达探测，对盾构区段进行沉降观测，预判地质情况；盾构掘进中观察盾构机仪表盾构压力情况。

7.2.5　刀盘刀具磨损

（1）设计方案与工程措施

1）刀盘选型及刀具布置时，应根据地层情况适当提高刀具刚度，避免磨损过快。

2）盾构开仓施工时，有条件时应对地层进行加固或降水处理。

（2）施工措施

1）在石英砂含量较多地区或地段，做好探测工作，掌握地质情况。富水砂层段不宜进行开仓换刀作业，必要时进行专家论证，确定合理换刀位置、加固方式及范围等。

2）对盾构前进方向地面区域进行雷达探测；对盾构区段进行沉降观测，预判地质情况；盾构掘进中观察盾构机仪表盾构压力情况。

7.2.6　盾构推力过大

（1）设计方案与工程措施

提前探测地质情况，调整掘进参数，实时监控盾构机的参数，科学合理地调整盾构机推进模式。

（2）施工措施

1）施工时应遵循“低转速、小贯入度、小推力、低扭矩”原则，控制土压、出土量、注浆量、注浆压力等关键参数，减少对地层的扰动；要有专人检查盾构的铰接密封和盾尾密封，发现泄漏应及时处理。

2）根据地质条件选择适合的渣土改良剂，在盾构穿越特殊环境风险地段时宜采用品质优良的泡沫剂，同时储备辅助改良材料（如分散剂、聚合物、膨润土等）。现场操作时应设定合理的泡沫发泡倍率和气体量，当渣土改良过稀时，应向土仓内注入聚合物进行二次改良，确保螺旋机内有效形成“土塞”效应，保证渣土改良效果。

3）对盾构前进方向地表进行雷达探测，对盾构区段进行沉降观测，预判地质情况；盾构掘进中观察盾构机仪表盾构压力情况。

7.3 大粒径土地层

7.3.1 盾构始发及接收端加固效果不佳

（1）设计方案与工程措施

宜采取降水措施，将地层中的地下水降至开挖面以下，或采用地面深孔注浆加固或水平深孔注浆加固方案，改善端头土体的物理力学性质，提高土体的强度和稳定性，并起到止水的作用。

（2）施工措施

1）根据大粒径土地层的密实程度、渗透性确定注浆孔的深度、间距和加固范围。当需采用注浆止水加固时应加密注浆孔间距，加大注浆范围。加固施工过程严格控制注浆压力、注浆量等工艺参数，严格控制钻孔垂直度等，重点控制端头加固的薄弱环节。

2）采用相关试验手段对加固体的强度和渗透性等性能及时进行检测。

7.3.2 刀盘刀具磨损

（1）设计方案与工程措施

1）当盾构掘进前方存在侵入洞身的直径较大的漂石层，盾构无法正常掘进通过时，宜采用预处理措施。

2）盾构机选型应充分考虑漂石发育区对盾构掘进的影响，可在盾构土仓内安装超声波探测系统，时刻监视掌子面前方的变化，提前发现前方的漂石；盾构机宜配备土体加固及漂石破除的相应设备（如超前钻孔注浆机、小凿岩机等设备）。

（2）施工措施

1）漂石预处理以地面钻孔预爆破处理为主，在周边环境条件不允许使用爆破的情况下，可采用旋挖钻+合金筒钻、全回转全套管钻机取芯处理等。

2）爆破处理完成后，应进行爆破效果检查。应结合盾构掘进过程中出渣和刀具磨损情况，综合确定较为经济合理的岩石碎块直径（建议不超过30cm），进而优化和调整爆破参数。

3）当漂石直径小于2m时，宜设置一个爆破检测孔，当漂石直径超过3m时，宜每隔2m设置一个爆破检测孔。检测孔的孔径为80mm。检测孔须封堵密实。

4）漂石爆破后应进行注浆加固。盾构施工到达前，需要对盾构范围内爆破区中松动的土层进行预注浆，以防局部坍塌对盾构掘进及地面建(构)筑物产生影响。

5)对盾构前进方向地面区域进行雷达探测；对盾构区段进行沉降观测，预判地质情况；盾构掘进中观察盾构机仪表盾构压力情况。

7.3.3 盾构掘进防线偏离

(1)设计方案与工程措施

当盾构掘进前方出现侵入洞身的直径较大的漂石，盾构机无法正常掘进通过时，宜采用预处理。

(2)施工措施

1)采用自动导向系统和人工测量辅助进行盾构姿态监测；采用分区操作盾构推进油缸控制盾构掘进方向。

2)对盾构前进方向地面区域进行雷达探测；对盾构区段进行沉降观测，预判地质情况；盾构掘进中观察盾构机仪表盾构压力情况。

7.3.4 盾构掘进开挖面失稳

(1)设计方案与工程措施

根据地层特点选取适合的刀盘刀具，并对土体进行塑流化改良；合理选择施工参数，动态控制开挖面土压平衡。

(2)施工措施

对盾构前进方向地面区域进行雷达探测；对盾构区段进行沉降观测，预判地质情况；施工掘进中观察盾构机仪表盾构压力情况。

7.3.5 盾构掘进滞排

(1)设计方案与工程措施

根据地层特点选取适合的刀盘刀具，并对土体进行塑流化改良；合理选择施工参数，动态控制开挖面土压平衡。

(2)施工措施

1)掘进施工前探测前方地层，判断地层含水情况，可采取地面或洞内压注水泥浆或水泥砂浆处理。

2)隧道内处理宜采取帷幕注浆的方式分段通过。

3)对盾构前进方向地面区域进行雷达探测；对盾构区段进行沉降观测，预判地质情况；施工掘进中观察盾构机仪表盾构压力情况。

7.3.6 盾构开仓换刀掌子面失稳及坍塌

1)富水段不宜进行开仓换刀作业，必要时进行专家论证，确定合理换刀位置、加固方式及范围等。

2）对盾构前进方向地面区域进行雷达探测；对盾构区段进行沉降观测，预判地质情况；盾构掘进施工中观察盾构机仪表盾构压力情况。

7.3.7 因地下水造成掌子面突涌、管片渗漏或盾尾击穿

（1）设计方案与工程措施

应结合地勘水文地质情况，制定注浆方案措施，并考虑地下水位过高可能出现管片上浮的处理措施。

（2）施工措施

1）注浆施工中，合理控制注浆压力及范围。

2）盾构掘进过程中，应分析地下水造成螺旋输送机等部位喷涌的可能性，并制定应对措施。

3）管片拼装过程中，应加强已拼装管片的渗漏情况巡视，分析地下水造成管片渗漏的可能性，并采取相应措施。

4）在承压水地层进行盾构掘进时，应分析盾尾渗漏风险，并定期对盾构机的密封系统进行检查。盾尾注浆发生错台、涌水风险时，应及时注入足量盾尾油脂，设定合适注浆压力。

5）对盾构前进方向地面区域进行雷达探测；对盾构区段进行沉降观测，预判地质情况；盾构掘进中应观察盾构机仪表盾构压力情况。

7.4 细粒土组合地层

7.4.1 始发接收端加固效果不佳

（1）设计方案与工程措施

1）加固长度应大于盾构机长度和一环管片宽度。

2）根据地层情况选择适合的加固方法和参数。如选用注浆加固法则采用劈裂注浆法；如采用搅拌桩或高压旋喷桩加固时，可适当增加加固范围，减小桩间距。

（2）施工措施

1）注浆材料宜采用超细水泥，增强渗透性。

2）重点控制加固的薄弱环节，包括桩的咬合位置、加固体与围护结构之间的间隙等。

3）采用垂直抽芯和水平探孔相结合的方式检查洞门加固效果。垂直抽芯应注重桩的咬合部位，芯样的连续性应达到90%以上；水平探孔的位置应主要分布在洞门周圈。如发现加固效果不佳，应立即采取补充加固措施。

7.4.2 刀盘结泥饼

（1）设计方案与工程措施

1）盾构机应选用大开口率的刀盘形式，土仓内应设置动、静搅拌棒。

2）刀盘中心处应设置注水孔，土仓内中心位置设置泥浆注入孔。

（2）施工措施

1）加强盾构掘进时的超前地质探测预报和渣土管理，特别是在黏性土中掘进时，更应密切注意出土情况和刀盘的扭矩状态。

2）刀盘前中心部位不得注入泡沫，应根据地层情况以水或泥浆为主，加快中心部位的渣土流动。

3）掘进时先转动刀盘，再注入泥浆；掘进结束先停止泥浆注入，再停止刀盘转动。

4）施工过程中，通过下述程序，判断刀盘是否结泥饼：

一是对比分析盾构机的推力、扭矩、速度等，初步判断是否结饼。

二是进行渣样分析，如渣样内发现土块或岩块，其组成成分为细小的颗粒，且内部温度比外部温度高，可以判定土仓内已结泥饼。

5）土体改良时，可添加分散剂；当出现泥饼时，可使用分散剂泡仓，清除泥饼。

6）在刀盘面板处增设高压水喷头，针对刀盘中心处等一些易结泥饼位置，直接有效地清除泥饼。

7.5 新近沉积土地层

7.5.1 盾构组装和拆卸吊装时起重设备倾覆

（1）设计方案与工程措施

1）根据预吊重量合理计算，选择适合的起重设备。

2）对起重设备的地面承载力进行计算，确保承载力满足要求。

（2）施工措施

1）应检测吊装场地的地基承载力是否满足设计要求；对吊装设备区域进行雷达探测，必要时进行地面堆载预压沉降观测。

2）对焊点质量进行全面检测，确保焊接质量；对吊索进行全面检查，确保吊索质量。

3）起吊前先对起吊重物进行试吊，试吊安全后方可进行吊装作业；专业人员对吊装作业进行全过程指挥。

7.5.2 盾构洞门土体坍塌

（1）设计方案与工程措施

根据地层情况合理选择端头土体加固方案，并组织专家论证。

（2）施工措施

1）盾构进出洞作业前，应对加固土体效果进行检测，并采取垂直和倾斜取芯的检测方法。加固效果达不到设计要求时，应采取有效补救措施，以确保洞门土体的稳定。

2）在盾构进出洞作业影响范围内有重要建（构）筑物、管线、道路等风险源时，应设置深层监测点，加强对地面沉降的监测。

7.5.3 盾构洞门凿除时地下水突涌

（1）设计方案与工程措施

应选择合理的土体加固方式。

（2）施工措施

1）采用搅拌桩+高压旋喷桩加固方案时，要严格按照设计和规范施工，确保桩体质量，尤其要充分保证旋喷桩的密封作用；采用冻结法加固时，要严格按照设计要求布设冻结孔，对成孔质量要逐孔检查，冷冻过程中要确保循环盐水的温度，并时刻关注冻结土体内的温度变化判断冻结效果。

2）采用垂直与水平钻芯取样的方式，检测土体加固的强度、连续性和几何范围；加固检验合格后，在洞门处钻孔检验洞门加固体止水效果，如发生漏水情况，需及时补充注浆。

3）洞门破除前检查地下水水位及水压力。

4）在地面上沿盾构轴线和垂直轴线的横断面上，布设深层沉降监测点，加强监测。必要时加大监测频率，根据监测数据调整施工参数。

7.5.4 盾构掘进时地下水突涌

（1）设计方案与工程措施

参照7.2.4章节中相关内容。

（2）施工措施

1）严格控制盾构推进的纠偏量，尽量使管片四周的盾尾空隙均匀一致，减少管片对盾尾密封刷的挤压程度。

2）控制盾构姿态，避免盾构机产生后退现象。

3）及时、保量、均匀地压注盾尾油脂；采用优质的盾尾油脂，要求有足够的黏度、流动性、润滑性、密封性能；加强对密封油脂的注入质量，确保该部位的密封效果；对已经产生泄漏的部位集中压注盾尾油脂，恢复密封性能。

4）管片拼装时在管片背面塞入海绵，堵住泄漏部位。

5）有多道盾尾钢丝刷的盾构机，可更换最里面的一道盾尾刷，以保证盾尾刷密封性；及时清除密封装置内杂物。

6）在承压水地层中掘进时，严禁随意打开有内外水力联系的部件，必须打开时应有预防措施。

7.5.5 盾尾刷磨损严重引发地下水突涌

（1）设计方案与工程措施

1）合理设定盾构油脂注入压力（应适当高于盾尾注浆压力），避免造成盾尾刷被击穿，导致地下水突涌。

2）对每环管片间隙进行量测，根据盾构间隙选择合理的管片类型，确保盾尾四周间隙量均匀，减少管片磨损盾尾刷，造成地下水突涌。

（2）施工措施

1）严格控制盾尾刷质量。

2）选用优质盾尾油脂，起到良好的止水、保护尾刷作用。

3）避免大幅度调整盾构姿态，减少尾刷磨损。

4）定期检查盾构机的密封效果。

5）掘进过程中，应重点关注地表沉降、拱顶沉降、净空收敛等监测数据，定期开展现场巡视工作，并加强综合分析。

7.5.6 刀盘结泥饼

（1）设计方案与工程措施

合理布置刀盘层次，尽可能地增大开口率。

（2）施工措施

1）施工过程中，实时观察土体情况，分析土体黏性和含砂比例，及时添加适量的土体改良剂，减小土体黏度和黏着力，降低结泥饼发生概率；实时观察分析盾构机仪表的各项参数。

2）应控制冷却水的温度，避免因单环掘进时间增加，引发的土仓内温度上升。

3）宜测定地层中的黏土颗粒含量，选择合适的泥浆参数，控制泥浆的比重和黏度。

4）盾构施工要求“连续、快速、稳定”，长时间的停机会导致土仓内土压逐步升高、流动性减弱、刀盘及刀具板结泥饼的可能性增加。

5）掌握前方地层的地质状况和刀具的磨损情况，泥饼黏着时应及时、彻底清理。

6）适时高速空转刀盘，并向泥土仓内注水，使泥饼在离心力的作用下脱落。

7.5.7 固结沉降

（1）设计方案与工程措施

1）根据勘察报告，预测分析地层沉降，必要时提前进行土层加固。

2）控制盾构注浆压力，避免因压力过大而造成地层隆起。

（2）施工措施

1）掘进过程中，根据地层土压力、地下水压力、预备压力等合理控制盾构掘进压力，加强地表固结沉降状况监测，控制开挖面稳定。

2）掘进过程中，重点关注地表沉降、拱顶沉降、净空收敛等监测数据，定期开展现场巡视工作，并及时综合分析。必要时可采取地表注浆方式加固土体。

3）及时壁后注浆，提高隧道管片与周围土体之间的整体结构稳定性；根据周边土体来选择合适的同步注浆材料，掘进过程中及时进行足量注浆；根据测量数据及时进行二次注浆；注浆过程中，需要保持浆液良好的流动性，如发现注浆部位地下水丰富，则需封堵地下水，以保持浆液的高黏度；合理控制注浆压力和注浆量，确保注浆质量。

4）控制盾构出渣量，结合掘进进度和地层的松散系数，保持挖土量和出土量的平衡。

5）控制盾构循环地层出水。当发现砂浆渗漏、涌水等情况之后，检查盾尾的密封性和铰接的密封性，避免水或者砂浆的流失。

7.6 土岩复合地层与基岩隆起地层

7.6.1 盾构始发接收端加固效果不佳

（1）设计方案与工程措施

盾构始发接收端应加强对基岩裂隙水的处理，必要时在加固前采用降水、止水的综合处理方式。

（2）施工措施

1）掘进施工前可采用超声波障碍物探测手段，进一步详细探明土岩结合面和基岩隆起的具体情况。

2）可采用主动破除突出基岩的方式，提高始发接收范围内岩土体的均匀性。

3）加强盾构机的轴线和姿态控制。

4）采用垂直抽芯和水平探孔相结合的方式检查洞门加固效果。

5）始发掘进时适当调低盾构中心线，防止盾构机“抬头”。

6）对上软下硬的上部地层进行必要的注浆处理，增强地层自稳能力。

7.6.2 盾构掘进方向偏移

（1）设计方案与工程措施

1）盾构机宜采用复合式刀盘，根据岩石的强度，选择匹配的硬岩刀具和耐磨刀具，合理布置滚刀与先行刀的比例；保径刀宜同时设置先行刀与滚刀；滚刀宜采用背装式，便于从土压仓内进行更换；盾构机宜选用主动铰接形式。

2）尽量选择合理的管片类型，严格控制管片拼装质量。

（1）施工措施

1）通过盾构机的自动测量和报警，随时监测盾构机姿态，及时纠偏，尽量使盾构机姿态提前偏向硬度较大一侧；纠偏推进期间，每5环进行人工测量复核盾构姿态，并与上位机仪表显示值进行核对；在硬岩地段施工，不宜使用铰接纠偏；在小半径转弯或竖曲线变坡前提前纠偏。

2）在纠偏过程中，掘进速度应放慢，并要避免纠偏时由于单侧千斤顶受力过大对管片造成破损；纠偏时，应密切注意盾构机的姿态、管片的选型及盾尾的间隙等，盾尾与管片四周的间隙要均匀；当盾构机偏离设计轴线较大时，不得“猛纠猛调”，避免往相反方向纠偏过大。

3）盾构始发及接收时提前对隧道周边软弱土层进行加固改良，减少软硬差异，防止盾构机偏离轴线。

4）盾构掘进中应观察盾构机仪表检查盾构姿态情况；随时观察滚动角的大小，及时通过调整刀盘转向来减小盾体旋转。

5）可采用超声波障碍物探测手段，探明基岩突起的具体情况，提前对盾构机姿态进行微调。

7.6.3 地面塌陷

（1）设计方案与工程措施

选择合适位置作为掘进试验段，根据试验段参数指导盾构掘进，根据地表沉降值分析盾构机参数，及时做出调整。

（2）施工措施

1）随时观察盾构机仪表掘进压力情况，加强隧道中心及其两侧范围内的沉降监测。

2）对于出现超挖超排的位置，做好记录，盾尾到达时，有针对性地增加浆液注入量。

3）根据周边围岩来选择合适的同步注浆材料，掘进过程中及时进行足量注浆；根据测量数据及时进行二次注浆。

4）在开挖面出现失稳或渗漏征兆时，应及时采取补充加固等措施。

7.6.4 刀盘刀具磨损

（1）设计方案与工程措施

1）根据地质情况，提前设计刀盘及相关参数，组织专家论证。

2）宜采用复合式刀盘，根据岩石的强度，选择匹配的硬岩刀具和耐磨刀具，合理布置滚刀与先行刀的比例；保径刀宜同时设置先行刀与滚刀；滚刀宜采用背装式，便于从土压仓内进行更换。

3）设计阶段制定刀具更换计划，尽量在进入特殊地质现象前进行刀具更换；必要时应采取预加固处理措施。

（2）施工措施

1）盾构机应设置有带压进仓系统。

2）盾构掘进施工时开启刀盘加泡沫、加水装置，改良正面土体，降低刀具和土体的摩擦力，减小扭矩；降低刀盘和土体温度，减小刀具的偏磨。

3）盾构掘进施工时严格控制刀具的贯入度、扭矩、转速，降低刀具与硬岩之间的冲击力，减少刀具在碰撞时产生的崩裂、脱落、变形等损坏。

4）根据刀具的磨损情况，提前制定换刀计划，选择在适当地层中开仓更换刀具。换刀位置宜选在围岩等级较好、周边无环境风险源地段进行换刀。

5）对开挖面岩石进行研磨性分析，预判盾构机刀具磨损情况，预测盾构机一次掘进可达长度，合理设置进仓点。

6）掘进过程中注意观察盾构掘进的异常情况以及掘进参数的异常变化（如速度突然变慢，推力、扭矩突然增大，刀盘振动，盾构机异响等），判断是否碰到基岩凸起。掘进过程中随时监测刀具和刀盘的受力状态，确保其不超载；并观测刀盘是否受力不均，以防刀盘产生变形。

7）在开仓前应对地层加固效果进行检测，开挖面稳定性和气密性必须满足进仓作业要求；开仓作业期间在刀盘开口部位应设置挡板进行封闭，安排专人值守。

7.6.5 盾构机卡壳

（1）设计方案与工程措施

盾构机宜采用复合式刀盘，根据岩石的强度，合理布置滚刀与先行刀的比例；保径刀宜同时设置先行刀与滚刀。

（2）施工措施

1）应遵循“低转速、小贯入度、小推力、低扭矩”的原则进行掘进施工。

2）掘进时，应保持铰接有一定的伸出量，出现刀盘卡壳时，采用注泥浆、主动缩铰接等方式将盾构刀盘后退使刀盘脱困。

3）盾构机在掘进施工中，应加强刀具（特别是边刀）的磨损信息监测。

4）盾构应具备足够脱困的能力，施工时将设备提前解锁脱困模式，在发生卡机、卡刀盘等情况时，优先使用脱困模式进行处理。

5）应采用正反转刀盘的方式，进行刀盘脱困。

7.6.6 裂隙水处理不当引起管片渗透或刀盘处突涌

（1）设计方案与工程措施

1）地层水压过大时，宜采用泥水平衡盾构机。

2）土压平衡盾构机螺旋机应采用双闸门或双螺旋设计，闸门应通过耐压试验。

3）盾构机应具备加泥浆、泡沫功能，螺旋出土器应设有防喷装置，防止喷涌带来的地面沉降。

（2）施工措施

1）设备进场前，对盾构的中心密封、铰接密封进行验收，确保密封完好，油脂系统工作正常；盾尾油脂注入系统应工作正常；检查螺旋机上、面板上的注浆孔，是否连接牢固。

2）盾构进出工作井洞口时，应设置洞口密封止水环。

3）管片拼装过程中，严格控制管片楔形量与间隙量，降低盾尾刷的磨损；随时观察已拼装管片的渗漏情况，及时补注浆。

4）应分析盾尾渗漏风险，尤其是在承压含水层掘进时，定期对盾尾密封、螺旋密封、铰接密封等进行专项检查；掘进中一旦发现盾尾有泥沙漏涌迹象，应立即停止推进并进行封堵。

5）发生错台、涌水风险时，应及时注入足量盾尾油脂，设定合适注浆压力。

7.7 污染土与有害气体地层

7.7.1 盾构设备腐蚀或燃烧爆炸

（1）设计方案与工程措施

盾构机设计时，应根据污染土和有害气体的性质，对电气设备采取防爆处理。

（2）施工措施

1）在进行盾构区间隧道作业时，应采用轴流风机、风筒强制通风，以保证区间隧道内空气新鲜、流通。

2）其他参见5.7.3节相关内容。

7.7.2 作业人员健康安全

（1）设计方案与工程措施

施工前应调查分析污染土层中可能存在的污染物和有害气体。

（2）施工措施

1）污染土。

a.根据污染土性质，给施工人员配备相应的劳保防护用品，如手套、护目镜。

b.作业人员避免直接接触渣土。

2）有害气体。

a.有害气体区段的专项施工方案应充分分析有害气体在施工过程中可能引起的工程风险，配备防毒设施和装备，并制定应急措施。

b.盾构施工作业面范围内严禁明火。

c.盾构机内应配置气体探测警报设备，设置科学合理的预警值；掘进中随时监测空气中成分组成，发现异常及时采取应急措施。

d.施工过程中发现有害气体治理效果不佳、存在有毒和有异味气体等异常情况时，立即组织人员撤离现场，及时上报建设单位，并通报勘察和设计单位。

e.施工中有作业人员中毒晕倒，施救人员应在确保自身安全的前提下方可进行施救，严禁施工人员盲目施救。同时切断相关电源，加强地表沉降监测和分析，并及时上报。

7.7.3 渣土外弃污染环境

参见5.7.2节相关内容。

8　城市轨道交通工程典型
地下水条件及工程安全风险控制

8.1　地下水安全风险控制通用措施

8.1.1　控制方案选择原则

工程建设地下水控制既要确保地下水控制效果，也要兼顾结构、围岩及开挖面、周边环境等的稳定性、安全性或功能性等，确保施工“无水”作业条件、结构安全和环境安全。

1）坚持“人民至上、生命至上”的理念，工程建设地下水控制应充分考虑周围岩土体、周边环境的安全风险，确保建筑结构、周边环境、施工作业安全，应根据实际情况合理选用止水、降水、冻结等技术措施。

2）地下水控制应考虑对地下水资源的合理保护和利用。采取的技术措施应既能有效控制地下水风险，又能减少地下水的资源浪费。

3）明挖法施工中地下水控制应重点关注降水效果不达标、隔水底板残留水“疏不干”、基坑坑底突涌、止水帷幕渗漏水、止水帷幕变形过大、施工期结构上浮、邻近建（构）筑物变形过大或破坏、地面沉降等施工安全风险。

4）矿山法施工中地下水控制应重点关注降水效果不达标、拱顶涌泥涌砂与坍塌、掌子面涌水与坍塌、导洞钻孔咬合桩或超高压旋喷桩止水失效、深孔注浆止水失效、冻结壁失效、邻近建（构）筑物变形过大或破坏、地表变形过大或坍塌等施工安全风险。

5）盾构法施工中地下水控制应重点关注盾构掘进螺旋输送机喷涌、盾尾密封被击穿导致涌水涌砂、盾构始发接收时洞门涌水涌砂与隧道破坏、盾构管片拼装过程中渗漏、地面沉降或坍塌等施工安全风险。

6）地下水控制中应加强地下水控制方案比选论证，严格根据有关规范和设计要求加强地下水控制效果质量检测和地下水监测等工作。当采用止水帷幕时，应对止水帷幕整体渗漏情况进行检测。

7）止水、降水、冻结等地下水控制技术措施施工时应考虑对周边管线的保护。认真核实地下管线资料，调查各管线的类型、规格、埋深等，并及时与各产权单位建立联系，咨询保护技术要点。在放样定位初期要考虑避开周边管线，采用地面物探进行核查；施工前，必须用人工探井等方法探测至原状土；施工过程中，遇到图纸未标出的管线，应及时与产权单位联系，必要时沟通降水设计单位结合施工现场情况采取避、绕等措施。

8）在地下水控制过程中，如出现局部异常水、残留水、井壁渗漏等问题，应尽快查清并切断水源，当出现涌（流）砂并有增加趋势时，应立即封堵涌砂通道（预埋引水管），对涌砂区采用注浆等措施加固、填充。开挖过程中发生局部渗漏引起土体塌滑，应及时清除松动的土体，用沙袋填补塌坑并在底部预埋包网的引水管。若发生较大范围的坍塌，应立即停止作业，撤离作业人员，启动相应的应急程序。

9）地下水控制应遵循“保护优先、综合利用、兼顾经济和环境效益”的原则，考虑对地下水资源的合理保护和利用。采取的技术措施既能有效控制地下水风险，又能减少地下水的抽取量，达到保护水资源的目的。

10）工程施工中应重点制定地下水相关施工安全风险的应急预案，加强应急演练；施工现场备足加强地下水控制的应急物资设备，及时和科学有效实施工程抢险。

8.1.2 地下水控制方案的选择及注意事项

1）地下水控制应充分考虑环境保护和地下水风险控制的双重要求，可采用“降、排、堵、止、截、灌、冻”等方法。

2）降水设计应对影响范围内的建（构）筑物、道路、管线等的沉降进行预测与监控，当降水对周边环境可能产生不利影响时，应提出可靠的预防和保护措施，确保降水沉降对周边环境影响可控。

3）止水设计应根据水文地质条件及地区工程经验，采用适宜的围护结构形式及止水措施，避免止水帷幕渗漏。止水帷幕设计应与围护结构、降排水方案设计统筹考虑。

4）盾构的始发与接收，具备降水条件的，宜采用降水+端头加固。对于盾构始发处于软弱地层的地段，设计时应进行计算分析，确保加固长度满足要求。不具备降水条件的，宜采用钢套筒始发和接收。

5）联络通道拱腰以上部位处于含水层时，宜采用降水或冻结法施工。必要时，可对联络通道部位的工程地质水文地质条件进行施工核查。联络通道冻结法设计施工应与结构设计及开挖支护相匹配。

地下水控制方案综合比选见表8.1。

表 8.1 地下水控制方案综合比选表

相关项	止水	降水	冻结法
技术适用	三轴搅拌桩通常适用于粒径较小的砂砾含水层；高压旋喷桩通常适用于水位（或水头）较高的砂卵石含水层；地下连续墙适用于各类含水层	从弱透水到强透水的各类含水层均适用，常规的管井降水在北京地区应用广泛。其中真空管井及轻型井点降水适用于弱透水含水层	一般适用于联络通道等部位
施工难易	地铁工程埋深大，砂卵石地层成孔难度大；止水帷幕在深部的搭接可靠性不高，有效隔水难度大	针对各类地层的成井工艺较为成熟，但受地面成井条件限制，需提前做好占地协调、交通导改；水量较大时排水问题较突出	砂卵石地层冻结孔成孔难度大

续表

相关项	止水	降水	冻结法
环境影响	止水帷幕发生渗漏后易引起细颗粒流失，导致周边地面及建（构）筑物不均匀沉降	抽取地下水可能导致地面沉降	局部冻结对环境影响较小
工期影响	施工难度高，对工期影响较大	一般	工期较长
效果检测	检测难度较大	利用水位观测孔对地下水位进行观测，降水效果检测直观	通过检测冻结壁温度，可判断冻结效果
风险控制	一旦出现渗漏涌水，补救难度大	可预判地下水位变化	风险相对可控
综合评价	明挖法推荐；矿山法结合实际情况比选	结合实际情况比选	结合实际情况比选

8.1.3 地下水勘察要点

1）查明含水层和隔水层的埋藏条件、地下水类型、地下水位及其年变化幅度，确定含水层的边界条件，地下水的补给、径流和排泄条件。

2）当场地范围内分布有多层对工程有影响的地下水时，应分层观测地下水位，并查明不同含水层之间的相互补给关系，监测地下水动态变化数据。

3）当场地周围存在地表水时，查明其水位、河床衬砌、河底埋深等基本情况，同时收集相关水文资料，分析地表水和地下水的补排关系及其对地下水位的影响。

4）按照水文地质单元的划分，并结合地下水控制的特点，分段进行水文地质试验，准确获得相关含水层的水文地质参数，为地下水控制提供设计依据。

5）注意分析含水层的颗粒组成，采用特征粒径判定渗透变形的类型。根据地下水的分布特征和地层分布特点，判断突水、涌砂发生的可能性。

6）预测暗挖在开挖后的暗挖隧道涌水量，提出相应的处理措施。

7）埋设不同深度位置处孔隙水压力计，监测不同深度位置处孔隙水压力值，绘制垂向的地下水压力分布曲线，分析各含水层之间水力联系。

8）暗挖法施工采用冻结法止水措施时应查明地下水流速、流向。

9）当场地地下水条件复杂、预测对工程施工或临近建构筑物构成较大不利影响时，应进行专项水文地质勘查。

10）如围支护、开挖及结构施工期距勘察报告提交日期较长，其间场地地下水条件和周边地表水条件等发生较大变化，且不符合设计和施工条件的，施工前宜补充地下水勘查。

8.1.4 降水方案施工安全技术措施

1）查明含水层和隔水层的埋藏条件、地下水类型、地下水位及年变化幅度，确定含水层的边界条件，以及地下水的补给、径流和排泄条件。

2）当场地范围内分布有多层对工程有影响的地下水时，应分层观测地下水位，并查明不同含水层之间的相互补给关系，监测地下水动态变化数据。

3）当场地周围存在地表水时，应查明其水位、河床衬砌、河底埋深等基本情况，同时收集相关水文资料，分析地表水和地下水的补排关系及其对地下水位的影响。

4）按照水文地质单元的划分，并结合地下水控制方案，分段进行水文地质试验，准确获得相关含水层的水文地质参数，为地下水控制提供设计依据。

5）注意分析含水层的颗粒组成，根据地下水的分布特征和地层分布特点，判断突水、涌砂发生的可能性。

6）预测矿山法隧道的涌水量，提出相应的处理措施与建议。

7）在不同深度位置处埋设孔隙水压力计，监测孔隙水压力值，绘制地下水压力分布曲线，分析各含水层之间的水力联系。

8）当地下水条件复杂、对工程施工或临近建（构）筑物有潜在较大不利影响时，应进行专项水文地质勘查。

9）如支护、开挖及结构施工距勘察报告提交日期较长，其间场地地下水条件和周边地表水条件等可能发生较大变化，且不利于设计和施工时，施工前应补充地下水勘察。

10）在冻结专项设计前依据含水层特征分区分段进行冻结法地下水勘察工作，并应查明地下水流速、流向、含盐量等参数。

8.1.5　帷幕止水方案施工安全技术措施

（1）止水帷幕施工安全技术措施

1）采用地下连续墙、高压旋喷桩、咬合桩、深孔注浆等止水帷幕时，应结合工程情况进行理论计算和现场工艺性试验，确定施工参数和施工工艺。

2）止水帷幕工程设计方案应提出试验、检测和监测要求。止水帷幕施工方案应根据帷幕设计、设备条件等分析可能发生的帷幕结构缺陷，编制帷幕渗漏修复预案。

3）止水帷幕应沿基坑周边形成连续的闭合体。同一基坑内有几个不同开挖深度或有几种支护结构时，多层含水层构筑落底式止水帷幕时，高低跨部位应分仓设置隔断帷幕，避免底部含水层在高低跨部位串通。

4）对于明挖工程，遇含水层巨厚、卵砾石强透水、降排水量极大、排水极其困难的情况时，宜采用地下连续墙+钢筋混凝土内支撑围护结构+跳仓法水下浇筑混凝土封底的地下水控制方案。

5）落底式止水帷幕进入下部隔水层的深度应满足渗透稳定性要求，且不宜小于1.5m。采用悬挂式止水帷幕的，应预测基坑外侧地下水水位下降情况，对于巨厚含水层采用悬挂式止水帷幕的，应根据规范要求验算帷幕体的插入深度。

6）止水帷幕工程施工完成后，在基坑开挖前，应检测帷幕施工质量，当判断帷幕漏水时，应采取修复措施。

7）地下连续墙施工应按要求进行槽壁垂直度检测、槽底沉渣厚度检测、墙体混凝土质量检测。

（2）地下连续墙接头漏水

1）地下连续墙槽段之间的接头宜根据实际情况灵活选用接头形式。

2）在强透水、高水位地段采用地下连续墙时，宜在槽段接口位置设置旋喷桩或深孔注浆进行防渗漏预控。

（3）桩式止水帷幕渗漏

1）对于桩式止水帷幕应充分考虑帷幕体与围护结构的搭接、咬合偏差，采取合理的帷幕组合形式。

2）桩式止水帷幕设计中应注意桩长影响，根据设备垂直度控制能力和地层情况，推算下端咬合量，施工时要确保满足规范要求。

3）对于采用高压旋喷等工艺构筑的桩式止水帷幕，当帷幕桩超过15m时，易受地层或施工影响，桩间搭接精度控制难度较大，可设计双排咬合搭接桩式帷幕。

（4）深孔注浆止水失效

1）在矿山法施工中，注浆帷幕一般在含水层厚度不大、地下水压力较小时使用。通常情况下，适用于地层加固和界面残留水处理。

2）根据地层及地下水情况，隧道注浆止水加固圈厚度宜为隧道开挖轮廓线外不小于2m。

3）深孔注浆孔位应根据注浆范围和隧道开挖形式布置，采用单排孔和双排孔布置时，任意断面各注浆孔间距不应大于2倍的扩散半径；多排孔布置时，应采用梅花形布置。注浆盲区可通过调整注浆孔角度、短孔与长孔相结合等方式消除。

8.2 不同地下水条件的工程安全风险控制

8.2.1 上层滞水风险控制措施

1）施工前要进一步查明上层滞水的分布范围、埋藏形式及形成原因，制定经济、合理、可行的处理方案；施工过程中还应加强超前探测。

2）由于管道渗漏产生的上层滞水，需查找渗漏点并进行封堵及导排。与地表水有水力联系的上层滞水，可采用注浆等方法构筑止水帷幕截断补给源。

3）明挖法工程通常可采用潜水泵、轻型井点、真空泵抽吸方式处理上层滞水。排除上层滞水后产生的地下空腔极易发生坍塌或地表沉降，可采用注浆、灌注混凝土等方法进行填充。

4）矿山法工程掌子面开挖遭遇上层滞水时，可采用洞内打设水平井管进行超前导流。

5）赋存于回填土中的上层滞水可采用深孔注浆加固地层降低土体渗透性。

8.2.2　承压水风险控制措施

1）对工程施工有影响的承压水水头应从勘察阶段开始进行地下水位长期动态观测。

2）当基坑底下存在承压水时，应按最不利条件评价承压水突涌的可能性；槽底以下土层级配不良时，应分析评价地层产生管涌的可能性。

3）如不满足抗突涌要求，应对基坑底部承压水采取增加止水帷幕深度或减压降水等措施，使基坑底部土层满足抗突涌稳定性要求。

4）止水帷幕应尽量隔断基坑内、外承压水的水力联系，根据实际情况确需进行减压降水时，应根据帷幕进入承压水含水层中的深度，选择基坑外降水或基坑内降水。鉴于坑内降水井容易遭受破坏，坑外降水井有利于保护，当承压水风险较高时，应进行坑外减压降水。

5）采取悬挂式止水帷幕，当不透水层下面含有承压水的砂层时，应进行基坑底抗渗流稳定性验算。

6）基坑内减压降水井和疏干井如需带压封井，应制定封井专项方案，明确封井时间、顺序及方式。

8.2.3　多层地下水风险控制措施

1）对于影响工程施工的多层地下水，应分层布设地下水位观测井。

2）不同性质含水层的涌水量计算应选取正确的计算模型，分层计算涌水量。未被止水帷幕截断的槽底以下的承压水，应进行坑底突涌稳定性验算。

3）当槽底上下两个含水层之间为弱透水层时，应考虑地下水越流补给。落底式帷幕计算基坑涌水量时，应计算越流补给量。

4）当多个含水层局部连通或含水层中存在不透水透镜体时，应综合分析各层水的性质，充分考虑局部承压性问题。

5）根据实际情况确需采取降水方案时，水位降深值应根据各含水层的地下水位确定。

6）降水涉及多个含水层，当各含水层水质差异较小，降水井滤管应分层设置，并采取分层止水措施；当各含水层水质存在明显差异，上下含水层间存在水力联系，可能造成上部水质差的含水层污染下部含水层时，降水井应分层设置，并采取封井措施隔断各含水层间的水力联系，分层降水。

7）当确定上部含水层不会造成下部含水层地下水污染，且下部含水层有足够的储水空间时，可采用“抽渗结合”方式降水，降水井布置可采用抽水井与引渗井间隔布置的方式，引渗井深度宜穿透下部含水层。

8）对于多层含水层降水，一般都会存在“疏不干”效应，在含水层底部界面会存在残留水，残留水量较小时，可明排处理；残留水量较大时，可采用超前水平井和真空斜井进行补充降水。

8.2.4 非常态地下水风险控制措施

1）查明工程周边是否有正在进行地下水控制（包括帷幕、降水、回灌）的建设工程，分析其对本工程地下水控制的利弊，制定应对措施。

2）相邻工程如采用降水施工，使区域地下水位降低，将有利于对地下水控制。但应注意相邻工程降水周期和降水深度与本工程的相互关系，综合考虑本工程地下水控制方案。

3）查明工程邻近的地表水体是否施做了隔水衬砌，当地表水对地下水控制产生不利影响时，需采取有效措施切断地表水与地下水的水力联系，否则，降水设计计算应充分考虑地表水作为补给边界的影响。

4）区域地表水的大量集中补给，如永定河、潮白河不定期生态补水等，会影响北京平原区的地下水位动态变化，在设计过程中应及时关注相关水情信息，并制定应对措施。

5）工程周边一定范围内的降水、回灌会引起地下水位、地下水流速、流向及水头压力等水文地质条件发生变化，从而影响地下水控制方案的实施，应密切关注水文地质条件的非常态变化，及时调整设计方案和工程措施。

6）当遇到地下不明或废弃建（构）筑物、管线时不要盲目破坏，应先查明其性质，然后探明是否储水；当确定储水时，应查明是否有补给水源，需切断补给源，然后进行引排。

7）地下建（构）筑物尤其是既有地铁等线状工程可能作为隔水边界永久改变区域浅层地下水渗流场，使地下水控制的预测、分析和设计复杂化，必要时可采用三维数值模拟等方式进行预测分析，制定可靠的地下水控制设计方案和工程措施。

8.3 降水风险控制

8.3.1 降水井成井工艺

1）应根据地层特点及降水井结构，采用适宜的成井工艺。对于粒径小于150mm的第四系松散地层宜采用泵吸反循环钻井工艺；对于粒径大于200mm的地层可以采用冲击钻机、潜孔锤钻机或旋挖钻机施工；正循环钻井工艺由于钻井效率较低，使用大量泥浆护壁，洗井较困难，尽量避免使用。

2）泵吸反循环钻井工艺采用清水水压钻进，依靠水的静压力与地层压力达成平衡，保持井壁稳定，能避免护壁泥浆对含水层的淤堵问题，洗井较容易。该法施工的水井一般只需用空压机洗井即可，不必配合化学洗井及其他方法洗井，成井后出水量较大，成井质量高；该法冲洗液上升速度快，钻进时排除岩屑能力强，岩屑一般不受重复破碎，钻进效率高；该法具有井底换浆功能，钻至设计深度后可及时换浆，使得孔底沉渣较少，井管下放到位。该法在粉细砂地层中钻进容易涮空地层造成扩径，必要时也要采用泥浆护壁。

3）当钻进地层有较大粒径的卵石、漂石时，使用冲击钻井工艺较其他方法效率高，但因大量使用黏土造浆，洗井难度相对较大，一般需要配合化学洗井或拉活塞方法洗井。该法钻进时孔内不需要冲洗液循环排渣，水量消耗小，适用于缺水场地的降水井施工。

4）气动潜孔锤同步跟管钻进法适用于大粒径漂石地层，钻进效率高、无须洗井；该法成井口径小，抽水设备选择范围小，单井出水量相对较小。

5）洗井应在下管填砾后8小时内进行，一般可采用空压机洗井，当空压机洗井效果不好时，若井管强度允许，可采用拉活塞与空压机联合洗井；若井管强度不允许，宜结合采用化学洗井；洗井应由上而下分段进行，如沉没比不够，应注入清水；洗井过程中应观察出水情况，直至水清砂净。

8.3.2 降水施工安全控制

1）凿井前应认真研究地质勘查报告，当上部为松散填土时，应进行必要的土层加固，以保证钻机稳固，并防止塌孔。进行安装钻机、拆卸钻机、钻进、下井管、故障排除等工作时，必须明确分工，统一指挥。钻机的各防护罩都应固定在正确位置，并经常检查牢固程度。

2）钻进时，应随时检查钻机及钻塔的支承情况，以防钻机和钻塔倾斜，钻杆上各法兰必须连接牢固，密封可靠，如遇蹩钻，可停止给进，情况严重时，应停钻并提升钻具。

3）提升和下降钻具时，钻台工作人员不得将脚踏在转盘上面，工具及附件也不得放在转盘上。拧卸钻具扣时，离合器应慢慢结合，旋转速度不得太快。用扳手拧卸时，应注意防止扳手回冲打人。提拔钻具应尽量平稳，避免钻具剐蹭孔壁造成塌孔。

4）泵吸反循环钻进到粉细砂地层时，宜慢速钻进，以减小对地层的搅动，同时应适当加快给进速度，以快速通过粉细砂地层，避免在这个部位孔径扩大。在砾卵石层中钻进时，钻速和给进速度都不宜太快，以免排渣速度跟不上，发生堵泵甚至埋钻事故。

8.3.3 地面降水井无法围闭

1）降水井的数量和井间距应根据基坑涌水量、地层条件、基坑形状、含水层疏干情况和地区经验等综合确定。

2）当地面降水井布置条件严重受限时，可补充导洞内管井降水；PBA洞桩法施工的地铁车站如边导洞设计断面适当加大，则边桩导洞和降水导洞可合二为一。

3）在矿山法隧道下穿河流、道路、桥梁，施工现场无法实施封闭降水的情况下，可考虑采用辐射井降水。

8.3.4 降水不到位

1）矿山法施工降水应根据隧道开挖顺序，合理安排分区、分段、分时抽水，根据地下水动态水位变化和降水效果，动态调整降水井运行区段，确保掌子面无水开挖。

2）矿山法施工中，当遇到抽降困难的多层含水层、厚度较大含水层、极富水卵石或漂石含水层时，应充分考虑地层富水量巨大和单井出水量受限的问题，增加降水井数量。

3）当含水层渗透系数较小（如粉土、粉砂含水层），或存在多个含水层界面水时，普通管井降水效果较差，宜采用真空管井降水。

4）施工降水场地邻近地下水补给边界或地下水回灌区时，应在地下水补给方向或地下水回灌区一侧适当加密降水井。

5）当单个工点或单一降水单元降水困难时，应尽可能协调周边工点或降水单元同步降水。

8.3.5 降水导致地面沉降

1）降水设计需要建立地下水动态监测网和变形监测网系统，还应进行抽水量及含砂量监测。地面不均匀沉降、既有地铁隧道差异沉降控制应满足相关法律法规和规范标准要求。

2）降水设计应特别注意降水引起的地层细颗粒流失问题，可通过对井管滤水管结构、滤料级配、包缠网规格的设计避免该类风险的出现。

3）降水期间，应按照规定对地面沉降进行监测，发现问题及时采取必要的补救措施。应根据降水影响范围，结合工程实际情况对邻近重要建（构）筑物、道路、管线等布设沉降监测点，抽水期间应进行连续监测。监测成果应及时反馈相关单位，若发生预警，应按照预警等级由相关参建单位和产权单位共同分析原因，及时采取补救措施。

4）当通过工程环境预测，施工降水将对周边建（构）筑物、道路、管线等产生沉降危害时，可考虑采取地下水人工回灌措施防止地面不均匀沉降。一般情况下不宜采用资源性降水+回灌，以避免因回灌加剧降水难度。回灌区域应尽量远离降水区域，并预测回灌对降水的不利影响，降水设计和降水施工应事先制定好预控措施。

5）当发生地表沉陷时，尽快分析确定发生原因。应立即对地面塌陷部位进行警戒并核查周边地下管线安全情况，按照产权及相关单位意见及时处理并回填。必要时可用级配砂石回填降水井，回填前预埋注浆管，回填到地面后再注浆加固。

8.3.6 减压降水井封井

1）基坑内减压降水井应布置在高跨部位，以减小减压降水封井难度。

2）基坑内疏干井或减压井应结合降水地下水位、降水井出水量、施工工况等综合确定封井方案。可分阶段进行封井，并尽量减少带压封井数量。封井和停止降水应能满足阶段性抗浮的要求。

8.3.7 冻结法风险控制措施

1）冻结孔布置应符合下列规定：

a.冻结孔的布置应满足设计冻结壁的厚度和冻结平均温度要求。

b.冻结孔布置参数应包括冻结孔开孔孔位、开孔间距、顶（倾）角、方位角、孔深、成孔偏斜度等。

c.冻结偏斜控制参数应包括偏斜率、偏值、偏向，最大相邻孔钻孔控制间距。

d.冻结孔最大允许偏斜值即冻结孔钻孔轨迹与设计轨迹之间的距离。

e.冻结孔钻孔间距应按设计冻结壁厚度、冻结壁平均温度、盐水温度、积极冻结时间和冻结工期要求等确定。

2）钻孔穿越隧道两侧衬砌或管片结构时应先行施工穿透横向通道两端隧道的透孔，以验证隧道预留洞门的位置。施工对穿冻结孔，当钻孔穿越对侧隧道管片时，应有可靠的防喷涌措施。

3）冻结孔施工过程中应按规范要求及时进行冻结孔测斜，施工方位应根据实际开孔误差调整。当排出的土体体积大于冻结孔体积时，应采用水泥或水泥-水玻璃双液浆进行补偿注浆。全部冻结孔施工、测斜完成后，应绘制喇叭口、集水井等关键部位的实际冻结孔成孔偏斜和预计冻结壁交圈图；当相邻冻结孔成孔间距大于设计要求时，可通过补孔满足成孔间距设计要求。

4）泄压孔布置应符合下列规定：

a.当冻结壁邻近存在敏感管线、既有线轨道等重要地上地下建筑时，应根据冻胀融沉分析设置泄压孔。

b.横向冻结的类型Ⅲ冻结壁结构内至少布置2个泄压孔，也可与水文观测孔共用。

c.冻结工程中的泄压孔，长度、孔径、方位和数量应与冻胀防护要求匹配。

5）测温孔应布置在冻结孔间距较大的冻结壁界面处或预计冻结薄弱处，应对冻结壁厚度、冻结壁平均温度、冻结壁与衬砌结构（管片）界面温度和开挖区附近地层冻结等情况进行监测。

6）冻结壁功能设计评价应符合下列规定：

a.冻结壁结构止水功能的设计评价，应由冻土冻结温度决定的冻结壁温度场交圈最小厚度要求来确定。

b.冻结壁结构承载功能的设计评价，应由冻结壁结构的有效厚度及其范围内冻土温度分布决定的冻结壁平均温度来综合评定，并应通过在施工过程中的冻结壁应力和变形分布分析来进行承载能力验算。

7）冻结壁的平均温度一般按施工深度来确定，同时应考虑地面和地下载荷扰动等复杂情况，以及冻结壁与各种地下结构交界面的平均温度要求。

8）冻结壁交圈时间应根据冻结孔钻孔控制间距、冻结壁单侧平均扩展速度来确定。积极冻结期不应少于预计冻结壁厚度和平均温度达到的时间要求。同时要考虑环境温度场的影响。

9）冻结施工期间，若周边有降水或回灌时，冻结设计和施工需要考虑降水或回灌引起的地下水流速对冻结的影响。

10）所有冻结器安装完毕并用清水清洗后，应进行全部冻结器试压、检漏，试压值不应小于正常盐水循环系统压力的1.2倍。

11）维护冻结期应按照设计指定的制冷参数运行，确保开挖期间冻结壁围护结构功能安全，不得擅自停止或减少冻结器供冷。

12）冻结法工程监测应贯穿整个施工过程，主要监测内容包括地表沉降监测、冻土压力监测，以及冻结壁变形监测、冻胀与融沉监测、冻结影响范围内的隧道变形监测等。

8.3.8 降水井维护期水位上升

1）降水井施工完成后，及时铺设排水及供电线路、安装水泵，砌人井、铺油恢复路面，保证交通安全。抽水维护期间，派专人巡查、维护检修，发现问题及时更换和处理。

2）降水维护过程中，应经常观测动水位的变化，适时调整水泵的下入深度，必要时更换适当流量的水泵。水泵不得露出水面，也不得陷入淤泥中运转。

3）对于一级地下水控制风险工程，降水工程现场应有备用电源，并配有自动转换装置，以防止在降水维护期发生意外停电突发事故，造成地下水突然上升，引发安全事故。

8.4 止水风险控制

8.4.1 止水帷幕质量检测

1）止水帷幕工程设计方案应提出试验、检测和监测要求。

2）止水帷幕28天试块抗压强度一般不小于0.8MPa，帷幕渗透系数不大于1.0×10^{-6}cm/s。

3）连续墙帷幕质量检测和控制应符合以下要求：

a.应进行槽壁垂直度检测，检测数量为总槽段数的100%。

b.应进行槽底沉渣厚度检测；当地下连续墙作为主体地下结构构件时，应对每个槽段进行槽底沉渣厚度检测。沉渣厚度应不超过100mm。

c.应采用声波透射法对墙体混凝土质量进行检测，检测墙段数量不宜少于同条件下总墙段数的20%，且不得少于3幅墙段，每个检测墙段的预埋超声波管数不应少于4个，且宜布置在墙身截面的四边中点处。

d.当根据声波透射法判定的墙身质量不合格时，应采用钻芯法进行验证。

4）帷幕工程施工完成后，在基坑开挖前，应采用如下几种方式判断帷幕施工质量，当判断帷幕漏水时，应采取修复措施。

a.局部开挖法：查看帷幕桩直径和搭接宽度，检测水泥土强度和渗透系数；

b.钻孔取芯法：检查帷幕桩的连续性和水泥土强度；

c.抽水试验法：通过坑内疏干井抽水，观测基坑内、外水位变化及坑内疏干井抽水量变化情况，判断帷幕隔水效果；如判断抽水试验隔水效果不好，坑内疏干降水量不衰减，且基坑内外地下水位变化有联动效应，应采取增加疏干降水井或增设坑外减压降水井等有效措施控制地下水风险。

8.4.2 帷幕止水风险控制措施

（1）止水帷幕坑底防渗流

1）止水帷幕的厚度应满足材料的允许渗透坡降要求，并应满足支护结构的强度和变形要求。在此前提下，底部只起隔断含水层作用的部分可采用素墙、素桩构筑帷幕。

2）落底式止水帷幕进入下卧隔水层的深度应满足渗透稳定性要求，且不宜小于1.5m。

3）采用悬挂式止水帷幕的，应预测基坑外侧地下水水位下降情况，对于巨厚含水层采用悬挂式帷幕时，应根据规范要求验算帷幕体的插入深度。

4）对于明挖工程，当含水层巨厚，卵砾石强透水，降排水量极大，排水极其困难的前提下，推荐采用地连墙+钢筋混凝土内支撑围护结构+跳仓法水下浇筑混凝土封底的地下水控制方案（如北京地铁8号线永定门外站）。

（2）桩式止水帷幕防渗漏

1）对于桩式帷幕应充分考虑帷幕体与围护结构的搭接、咬合偏差，采取合理的帷幕组合形式。

2）桩式帷幕设计中应注意桩长影响，根据设备垂直度控制能力和地层情况，推算下端咬合量，满足规范最低要求，同时制定一旦发生渗漏的应急预案。

3）对于采用高压旋喷等工艺构筑的桩式帷幕受到施工进度影响，帷幕桩超过15m时，桩间搭接效果较差，需设计双排咬合搭接桩式帷幕。

（3）地下连续墙接头漏水防渗漏

1）地下连续墙槽段之间的接头宜根据各地情况灵活选用接头形式。无特殊要求的，可采用锁口管柔性接头，对地下连续墙槽段间防水或连接刚度有特殊要求时，也可采用防水接头或刚性接头

2）对于在强透水、高水位地段采用地连墙帷幕的，应在槽段接口位置设置旋喷桩或深孔注浆进行防渗漏预控。

（4）注浆止水效果控制

注浆止水帷幕仅适用于小规模、小范围的止水施工，对粉细砂含水层注浆更难达到好的止水效果。在矿山法施工中，注浆帷幕一般只能含水层厚度不大、地下水压力较小时使用。通常情况下，对于地层加固和界面残留水处理，注浆帷幕能够获得较好效果。

1）根据地层及地下水情况，隧道注浆止水加固圈厚度宜为隧道开挖轮廓线周边外不小于2m。

2）深孔注浆孔位应根据注浆范围和隧道开挖形式布置，采用单排孔和双排孔布置时，任意断面各注浆孔间距不应大于2倍的扩散半径；多排孔布置时，应采用梅花形布置。注

浆盲区可通过调整注浆孔角度、短孔与长孔相结合等方式消除。

（5）冻结法方案风险控制措施

1）冻结壁应按受压结构、封闭形式设计，冻结壁设计应能承受施工期间的全部外荷载；联络通道部分可采用直墙圆拱冻结壁，集水井（泵房）可采用V字形冻结壁。冻结法设计需注重薄弱部位设计，并强化冻结薄弱部位的检测要求。

2）在冻结壁形成期间，冻结壁外200m区域内的含水层不宜采取降水或回灌措施；存在降水或回灌施工时，冻结设计应考虑其产生的不利影响。

3）冻结壁平均温度应根据开挖深度、冻结壁承受荷载大小、冻胀融沉可能对环境造成影响等综合确定。冻结壁承受荷载大、安全要求高的工程宜取较低的冻结壁平均温度，冻结壁与隧道衬砌结构（管片）交界面平均温度不应高于-5℃。

4）冻结孔的布置应满足设计冻结壁的厚度和平均温度要求，冻结孔成孔间距应按设计冻结壁厚度、冻结壁平均温度、盐水温度、积极冻结时间和冻结工期要求等确定，一般距离为1000 ± 200mm。

5）可先行施工穿透联络通道两端隧道的透孔，以验证隧道管片上预留洞门的相对位置，当两预留洞门相对位置偏差大于100mm时，应修正冻结孔设计方位。

6）最大需冷量的计算时应充分考虑地层的热扩散系数、冷冻管的长度和冻结器的外经，同时考虑一定的冷量储备系数。

7）冻结壁交圈时间应根据冻结孔间距、冻结孔深度和相应土层的冻结速度来确定。同时要考虑环境温度场的影响系数。

8）泄压孔应布置在冻结壁内侧贯通开挖区的透水地层，并应深入地层不小于500mm。

9　城市轨道交通工程典型地质条件安全风险控制案例

9.1　某车站主体明挖法施工基坑侧壁渗漏水处理

9.1.1　工程概况

（1）工程简介

某车站主体结构采用地下二层岛式车站，与该站东延部分合建为双岛四线车站。车站总长度为294.601m，车站范围基坑标准段宽42.9m，底板埋深约19.6m，底板标高约1.37m，车站有效站台中心里程处顶板覆土3.5m。车站主体采用三柱四跨箱型框架结构，局部五柱六跨箱型框架结构。附属结构包括4个出入口通道，5个安全出口通道，4组风道，分别位于车站4个角部绿地范围内。参见图9.1。

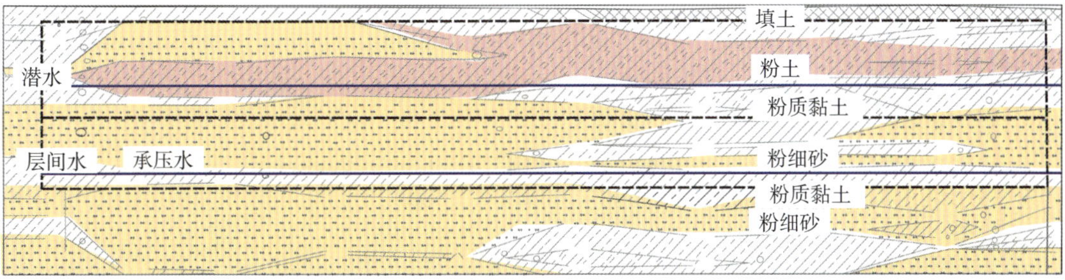

图9.1　地质剖面图

车站基坑采用明挖法施工，围护结构+内支撑体系，竖向为3道支撑，其中第一道支撑为800mm×1000mm钢筋混凝土支撑，第二道支撑采用630mm×16mm钢支撑，第三道支撑为609mm×16mm钢支撑，基坑设置两道临时立柱、局部三道临时立柱。车站设置抗拔桩，一柱一桩，围护结构单做抗拔措施。

基坑周边建筑物主要为在建某线路东延车辆段，邻近一侧为车辆段试车线，底板埋深为9m，采用单层单跨矩形框架结构，区间基坑与车辆段试车线东边墙水平距离为10～18m。

（2）工程地质及水文地质概况

车站主体土层由上至下一次为黏质粉土素填土①层、杂填土$①_1$层、黏质粉土砂质粉土②层、粉质黏土重粉质黏土$②_1$层、粉细砂$②_2$层、黏土$②_3$层、砂质粉土黏质粉土③层、粉质黏土重粉质黏土$③_1$层、粉细砂层$③_2$层、黏土$③_4$层、黏质粉土④层、粉质黏土重粉质黏土$④_1$层、粉细砂层$④_2$层。场区内30m深度范围内观测到三层地下水，分别为潜水（二）、层间水（三）、承压水（四），潜水（二）、层间水（三）位于基坑结构底板以上。参见图9.1。

（3）工程风险分析

1）工程风险分级

根据设计文件，本工程车站主体结构自身风险为一级，见表9.1。车站基坑临近在建某号线东延的某一车辆段，底板埋深为9m，该环境风险等级为二级。

表 9.1　基坑自身风险工程情况汇总表

序号	风险工程	风险等级	风险工程描述
1	明挖基坑主体	一级	基坑深19.32m，基坑平面尺寸297.400m × 45.800m
2	站前明挖段区间	一级	基坑深20.934m，基坑水平尺寸37.766m × 53.1m
3	站后明挖段区间	一级	基坑深20.363m，基坑水平尺寸104.4m ×（21.5 ~ 53.4）m
4	东侧附属基坑	二级	深基坑部分基坑跨度19.4 ~ 32.4m，深度主要为12m及14.3m两种，浅基坑部分深度为5.35m
5	西侧附属基坑	二级	西侧基坑分为两部分，4号风道及5号疏散口范围基坑宽8.3 ~ 13.8m，深度主要为4.7m、6.5m及12m，另一部分基坑宽度13.8 ~ 16.3m，深度12m

2）地质风险

地质风险单元划分：

本工程为宽大异形基坑，基坑结构存在异形段，且底板连续封闭，因此分为两个地质风险单元，见表9.2。

地质风险分析：

场区地层以黏性土、砂土互层为主，存在富水砂层，地下水丰富，基坑开挖过程中易发生基坑坍塌、基底突涌、围护结构渗漏、地表沉降等风险。车站主体基坑为宽大异形深基坑，土方约$25.7 \times 10^{-4} m^3$，为普通车站2.5倍，基坑开挖卸载存在基底隆起、围护结构变形、地表过大沉降等风险。

另外，车站及附属结构的基坑均计划在汛期施工，近几年北京地区汛期降雨频繁，瞬时雨量较大，持续降雨对明挖基坑影响明显。

9.1.2　风险控制措施

（1）围护结构设计与施工

主体围护结构采用Φ1000mm、桩间距1400mm的钻孔灌注桩+内支撑体系，桩长约23m，根据地层及水位情况，标准段嵌固深度为6m，围护桩共计426根。第一道内支撑采

表 9.2　基坑地质风险单元划分

序号	地质风险单元划分	里程	地质单元描述	地质单元特点
1	地质风险单元（一）	K20+419.951 ~ K20+524.333	a.基坑宽21.5 ~ 53.44m，深20.363m b.基坑侧壁土层主要为黏质粉土素填土①层、杂填土①$_1$层、黏质粉土砂质粉土②层、粉质黏土②$_1$层、粉细砂②$_2$层、粉质黏土③$_1$层、粉细砂③$_2$层、砂质将土黏质粉土④层、粉质黏土④$_1$层、粉细砂④$_2$层。结构底板土层主要为黏质粉土砂质粉土④层、粉质黏土④$_1$层、粉细砂④$_2$层 c.地下水共三层，潜水（二）：水位标高为9.18 ~ 12.08m，水位埋深6.60 ~ 11.21m，层间水（三）：水位标高为2.76 ~ 9.98m，水位埋深10.19 ~ 17.60m，承压水（四）：水头标高为-6.23 ~ 3.21m，埋深为15.44 ~ 25.50m	a.人工填土受大气降水、地表管线泄漏等影响易形成渗漏通道和水囊，基坑开挖时容易坍塌；黏质砂土砂质粉土②层、粉质黏土②$_1$层和粉细砂②$_2$层为新近沉积层，抗剪强度低，自稳能力较差，基坑开挖中易发生坍塌 b.对于车站北侧明挖区间，潜水（二）、层间水（三）对其影响较大，明挖施工时容易造成围护体系失稳，边坡坍塌
2	地质风险单元（二）	K20+524.333 ~ K20+818.934	a.基坑宽45.800m，深19.32m b.基坑侧壁土层由上至下为黏质粉土素填土①层、杂填土①$_1$层、黏质粉土砂质粉土②层、粉质黏土重粉质黏土②$_1$层、粉细砂②$_2$层、黏土②$_3$层、砂质粉土黏质粉土③层、粉质黏土重粉质黏土③$_1$层、粉细砂③$_2$层、黏土③$_4$层、黏质粉土④层、粉质黏土重粉质黏土④$_1$层、粉细砂④$_2$层。主体结构基底以下土层主要为粉质黏土重粉质黏土④$_1$层、粉细砂④$_2$层 c.地下水共三层，潜水（二），稳定水位埋深10.1 ~ 12.10m，稳定水位标高为8.97 ~ 10.89m，层间水（三），稳定水头埋深19.30 ~ 19.80m，标高为1.30 ~ 1.69m，承压水（四），稳定水头埋深15.37 ~ 20.10m，标高为1.05 ~ 5.61m	a.人工填土易造成开挖坍塌，黏质粉土③层、黏质粉土④层含水量大，自稳能力差 b.车站内部跨度较大，荷载分布很不均匀 c.潜水（二）、层间水（三）位于基坑结构底板以上，容易在侧壁出现涌水、流砂等；承压水（四）水头高度达8 ~ 11m，承压性高，基坑开挖易造成底部突涌，涌水、涌砂 d.场地以黏性土、砂土互层为主，降水时易在黏性土顶部滞留地下水，形成疏不干效应，导致基坑侧壁渗水

用800mm×1000mm钢筋混凝土支撑，支撑间距为9.0m；第二道支撑采用630mm×16mm钢支撑，第三道支撑为609mm×16mm钢支撑，支撑间距为3.0m；基坑设两道临时立柱。临时立柱下为Φ1200mm、桩长12m的钻孔灌注桩，临时立柱伸入桩中3m长，临时立柱总数70根。

车站设置抗拔桩，为一柱一桩，抗拔桩桩径为Φ1500mm，桩长约23m，共计156根。冠梁采用1000mm×1000mm的混凝土冠梁，冠梁标高及各层支撑标高随同基坑底标高以2‰坡度变化，坡向南侧下降。

针对基坑宽大异形断面处，阳角部位背后设计旋喷加固措施，阳角部位采用两道临时立柱，如图9.2。

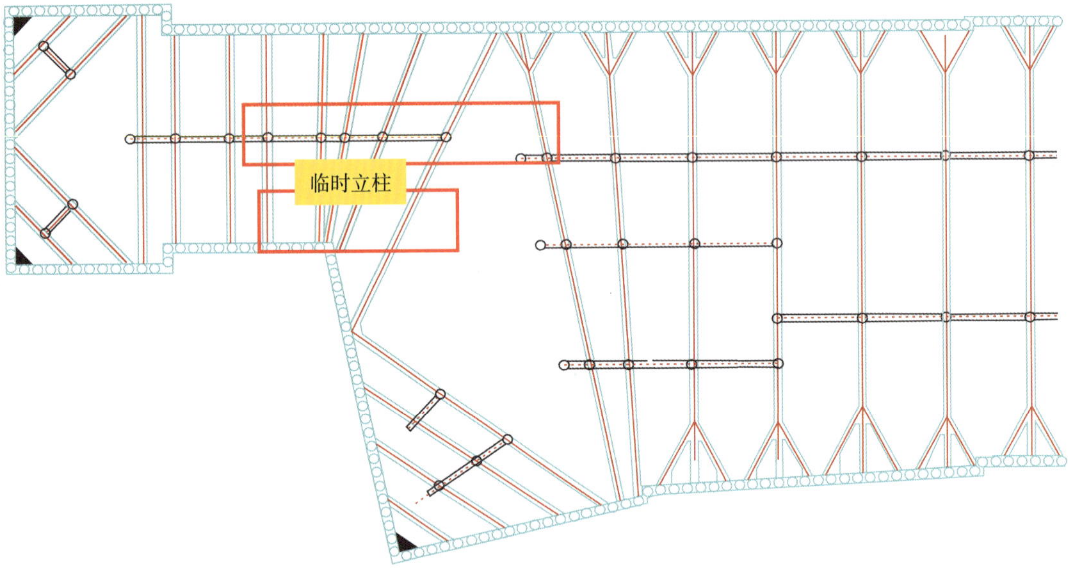

图9.2　基坑围护结构施工图

基坑开挖至横撑一下0.5m时及时架设横撑、并施加预应力，严禁超挖及横撑未施加预应力就向下开挖。当桩体变形或地面沉降达到黄色预警值时，须增加横（斜）撑，加强对基坑侧壁的支护。

（2）地下水处理

基坑开挖容易在侧壁出现涌水、流砂等现象，须采取地下水控制措施，保证干槽作业。承压水（四）的含水层位于基底下方，但水头位于基坑结构底板附近，施工很可能发生基底突涌。

本基坑周边无敏感建筑物及地下管线，结合周边环境、地勘资料及经济投入，本工程采取四周抽降水加内部疏干降水的地下水控制措施。站体及车站区间施工总长度436.75m，降水井沿基坑四周布置，共设置132眼降水井，其中疏干井20眼，如图9.5～9.6，降水井参数见表9.3。

表 9.3　降水井参数

位置	类型	井径/mm	管径/壁厚/mm	井管类型	净间距/m	滤料/mm	井深/m	井数
基坑	管井	600	400/50	无砂 水泥管	9	粗砂	32	112
	疏干井	600	400/50	无砂 水泥管	20	粗砂	24	20

施工过程中保证地下水位降至每步开挖面以下1m，保证施工作业和支护结构不受地下水的影响。在地下水位距结构底板小于500mm时及时通知地质勘查、监理、设计等单位，并按应急预案实施，确保基坑施工安全。

（3）基坑开挖总体要求

1）优化施工步序：左侧盾构始发井→相邻盾构始发井→车站开挖，通过分段施工，优先施工八南始发井，盾构始发井端头加固并验收完成后，及时回填，增加端头阳角部位土体强度、稳定性及抗渗性，如图9.3所示。

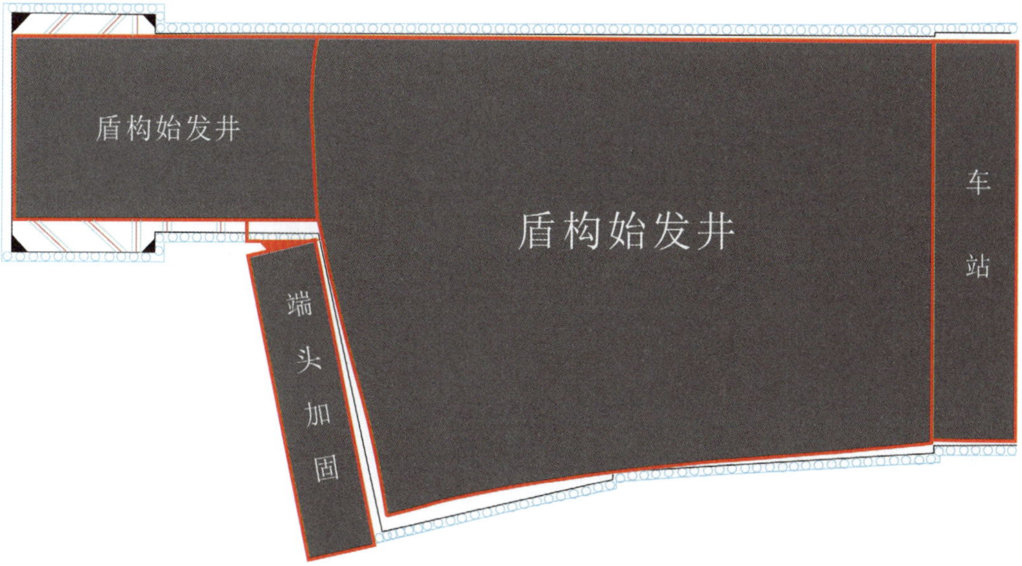

图9.3　基坑土方施工步序

2）严格按照“时空效应”理论，坚持“先撑后挖”的原则，确保土方开挖与钢支撑架设工序衔接紧密。

3）根据土方开挖空间位置，及时架设钢支撑、施加预加轴力。

4）土方开挖从两端向中间开挖，根据分层、分段顺序，分段见底。

5）加强监测方案的制定、现场巡视检查、监测数据的收集、整理和分析，反馈并指导施工。

（4）监测控制指标

基坑控制指标如表9.4所示。

表 9.4　基坑监测控制指标

序号	监测项目	控制指标	
		允许位移值	变化速率控制值
1	地表沉降	≤30mm	≤2mm/d
2	建筑物沉降	≤10mm	≤1mm/d
3	桩顶水平位移	≤30mm	≤3mm/d
4	桩体水平位移	≤30mm	≤3mm/d
5	支撑轴力	$F_3<1$，$F_3=$实测轴力（拉力）/允许轴力（拉力）	/

9.1.3　施工过程风险管控

（1）方案论证

1）某车站降水工程专项施工方案专家论证意见。①基坑涌水量应分层计算，完善降水设计计算书；②完善周边环境条件，明确水的排放渠道；③补充应急预案，明确备用电源数量、规格，确保用电供应；④降水井布置应避开隧道结构；⑤合理选择井管滤网、滤料。

2）某车站及站前站后区间主体基坑开挖与支护施工方案。①会同设计优化站前盾构井钢支撑设置，方便施工；②完善基坑开挖过程中残留水的处理措施，确保桩间土的稳定；③细化支撑体系节点的做法；④加强监控量测工作，确保信息化施工。

3）某车站第三方监测实施方案专家意见。①补充阳角处监测点；②协调基坑端头与盾构始发段监测点布设。

（2）现场巡视

2018年6月7日开展了专家巡视工作。

1）巡视原因：①2018年6月1日北京全市上汛，为保证汛期地铁建设工程施工安全平稳；②某车站结构断面不规则（宽大、异形），结构受力转换复杂，且基坑围护体系采用桩撑支护，长支撑工作状态及效果受支撑体系节点试作质量影响较大。

2）专家意见：专家巡视如图9.4。

①协调土方开挖与支撑架设工序，及时试作防坠落装置；

②加强支撑体系节点施工质量，保证支撑工作状态，做好支撑轴力动态围护，基坑阳角处应严格落实设计及施工方案；

③加强降水及层间水治理，防止桩间及背后土体流失；

④施工过程中加强监测及现场巡视，基坑变断面及阳角处加强监测；

图9.4　专家现场巡视

⑤保障应急物资储备，确保汛期基坑安全。

（3）工程监测预警及分析

1）总体监测预警情况

监测预警统计：

截至2018年12月30日，车站基坑监测预警情况统计如下表9.5所示。

表 9.5　预警统计表

保留预警（截至2018-06-12）			消警			新增预警			预警累计（截至2018-12-30）		
红色	橙色	黄色	红色	橙色	黄色	红色	橙色	黄色	红色	橙色	黄色
0	0	0	0	166	165	0	173	170	0	7	5

数据整体分析：

地表沉降：主要分布在0 ~ −20mm之间，在0.0 ~ −10.0mm沉降范围内的测点最多，有45个测点，占到所有测点的37%。桩顶水平位移：主要分布在0 ~ −10mm之间，在0.0 ~ −10.0mm沉降范围内的测点最多，有24个测点，占到所有测点的36%。桩体水平位移：主要分布在0 ~ 15mm之间，在5.0 ~ 10.0mm沉降范围内的测点最多，有18个测点，占到所有测点的38%。

2）不同部位监测分析

本车站主体基坑异形段无风险预警，因此着重分析收口段的监测情况。

收口段基坑开挖过程中，监测数据变化较大，发生监测预警。地表沉降：第一层土方开挖完毕，累计沉降-9.33mm，第二层土方开挖完毕，累计沉降-13.72mm，第三层土方开挖完毕，累计沉降-28.83mm，阶段沉降量占总沉降量的57%。支撑轴力：支撑轴力由上到下逐渐减小，随开挖逐渐增大，第二道支撑轴力偏低。桩顶水平位移：逐渐增大，拆撑阶段变化量较明显，最大累计值为7.00mm。桩体水平位移：第一层土方开挖，累计变形5.20mm，第二层土方开挖，累计变形19.98mm，第三层土方开挖，累计变形23.65mm，最终累计变形 30.36mm ，第二层土方开挖阶段变形量最大，占总变形量的49%。与支撑滞后和轴力偏低有一定关系，结果如图9.5。

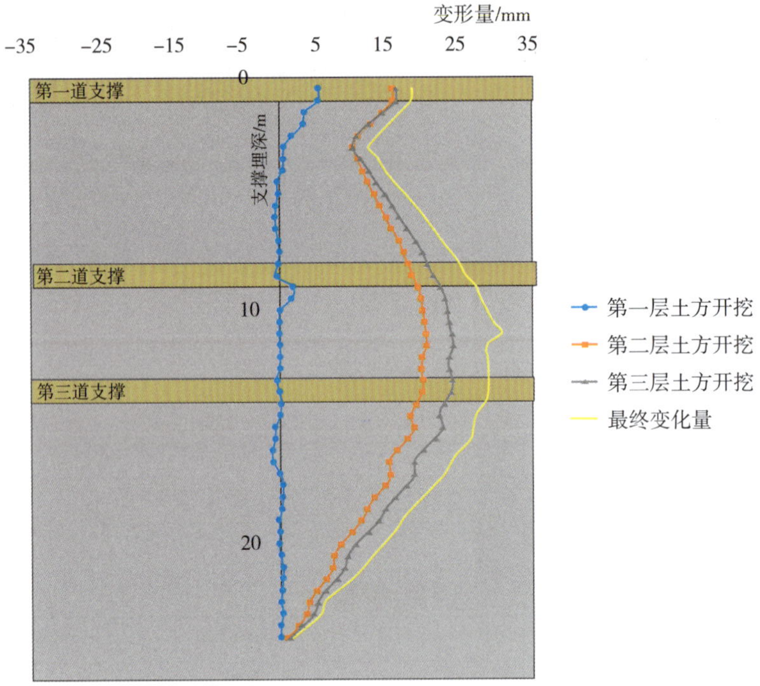

图9.5 收口段桩体水平位移变形分析

对比结果见表9.6所示：

表 9.6 不同部位累计最大值统计表

部位	地表沉降	立柱沉降	桩顶水平位移	桩体水平位移	支撑轴力
普通段	-20.00mm	6.87mm	6.02mm	26.00mm（10.5m）	826kN
收口段	-30.85mm	4.71mm	7.00mm	28.46mm（12.5m）	854 kN

普通段和收口段监测数据均有预警，但收口段地表沉降、桩顶水平位移、桩体水平位移、支撑轴力均超过普通段。原因分析：①收口段第一道混凝土支撑中断失效；②钢支撑局部架设滞后。

（3）坑底回弹分析

基坑开挖过程中由于卸载作用，坑底有一定的回填变形，造成临时立柱及围护桩隆起位移，变形分布主要位于0～10mm之间，占测点总数的74%。随开挖深度增加隆起变形逐渐增大。其中临时立柱隆起变形较围护桩变形较小。基坑隆起变形整体控制较好。

原因分析：①基坑采取管井降水措施，降低地下水至基底以下1m，降水作用可改善土体的力学性状，可有效减小回弹变形。②围护桩嵌固深度控制在0.3H，桩长越长，桩土间接触面积越大，从而增加桩侧摩阻力，桩侧摩阻增加可有效减小回弹变形，如图9.6。

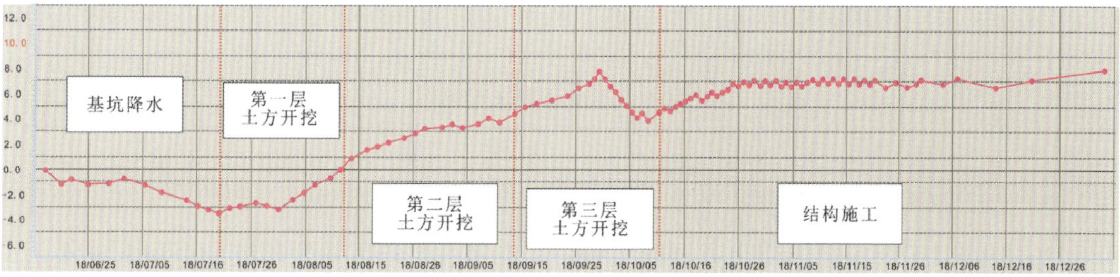

图9.6　临时立柱（ZCC–27）沉降监测数据时程曲线

（4）险情/预警及处理

1）总体预警情况

车站主体基坑开挖先从站前明挖区间进行土方开挖，开挖完毕后进行站后明挖区间土方开挖，开挖完毕后从车站主体基坑中部开设马头门从两边向中间进行土方开挖，如图9.7所示。

图9.7　主体明挖基坑施工

本工点车站主体基坑施工过程中未发生险情事件，但发生多次巡视预警情况，其中基坑侧壁稳定及渗漏水4次预警，如图9.8所示。

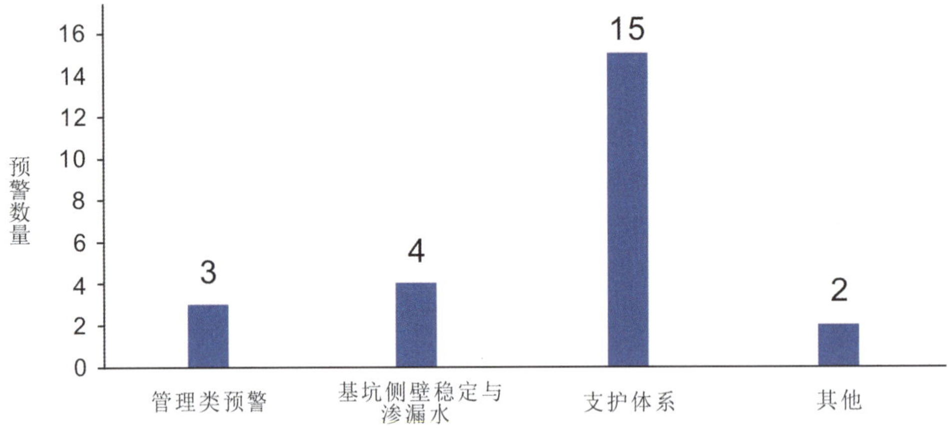

图9.8 巡视预警分类统计

2）典型预警及响应、处理

2018年6月27日，第三层土方开挖工程中，在基坑收口段发生基坑局部渗水现象，并及时发布了预警，即基坑侧壁稳定及渗漏水：黄色巡视预警。

预警原因分析：土层的层间水疏干不到位，造成基坑渗水。

预警处置情况：通过周边水位观测井的水位，分析该层水的来源，并采取针对性措施，及时抽排水。

2018年8月2日，针对本车站土方开挖、支撑架设、降水治理（基坑积水黄色预警）、监测和现场巡视等问题，开展了专家巡视活动，如图9.9所示。专家意见如下：

图9.9 专家现场巡视积水情况

a—基坑内存在积水；b—基坑积水已抽排、预警消除

强化支撑节点处理，钢围檩背后回填密实，保证支撑传力效果；加强层间滞留水治理，桩间及时封闭；底板结构间素混凝土回填需及时，统筹结构间回填土及拆撑工序；基坑阳角处长支撑立柱宜增加倾斜监测，同时加密改趋于监测频率；规范施工，避免超挖，做好坑内土坡预留；修复地表裂缝，做好场地排水。

9.1.4 经验总结及建议

1）该车站属于深大异形基坑，工程自身风险等级为一级。施工过程中整体变形控制情况较好。主要原因为基坑围护结构设计强度高，第一道为800mm×1000mm混凝土支撑，第二三道为钢支撑；施工过程中工序衔接紧凑合理，先施工异形段，开挖面小，暴露时间短；辅助措施到位，基坑采取坑外降水、坑内疏干措施，避免带水作业，造成桩间土流失。

2）基坑存在两处风险较大部位：异形段和收口段。通过设计措施、施工步序有效控制了异形段的变形，各项数据在控制值内。收口段施工采用非常规方式出土，开口区域基坑支护体系变化导致结构整体性较差，相邻段受力集中，各项监测数据较大。后续类似工程应避免采用围护结构开口出土方式，若开口，必须加强相邻段及开口段的支护结构强度。

3）针对施工工程出现的基坑侧壁渗漏水和基坑基底积水等黄色预警，及时进行了预警响应、专家研判和现场处置，确保正常和安全施工状态。

9.2 某车站明挖法施工多预警分析与处理

9.2.1 工程概况

（1）工程简介

本案例研究的车站为换乘站，车站为地下明挖三层叠落岛式车站，采用双柱三跨结构形式。站台宽度为19.5m，车站长352.1m，车站中心里程处底板埋深为32.752m，中心里程处顶板覆土为7.672m。

车站基坑采用1000mm地下连续墙+5道钢支撑+1道换撑（Φ800mm×20mm），沿基坑跨中设临时立柱桩（Φ1500mm），桩长15m，立柱上方设置格构柱，格构柱插入立柱桩的深度不小于3m，采用联系梁（40a槽钢）连接，墙顶设冠梁。

第1道支撑全部采用水平间距6m的砼支撑，第2～5道支撑水平间距均为3m，如图9.10所示，其中除扩大端的第3、4道斜撑为砼支撑外，剩余支撑均为钢支撑。

（2）工程地质及水文地质概况

1）工程地质

基坑开挖范围内主要为粉质黏土和粉细砂层，基坑底部位于粉质黏土⑥层、粉质黏土⑥2层，地连墙底部位于卵石圆砾⑦层，如图9.11所示。

2）水文地质

拟建场地观测到三层地下水，分别是：潜水（二）、承压水（三）、承压水（四）。潜水

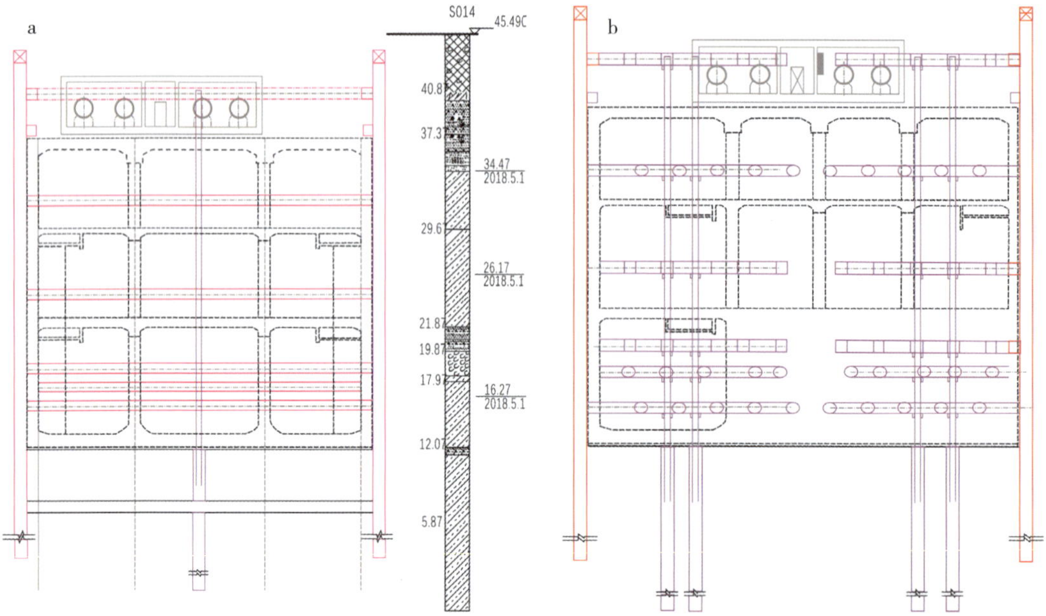

图9.10　基坑剖面示意图
a—标准段剖面；b—扩大端剖面

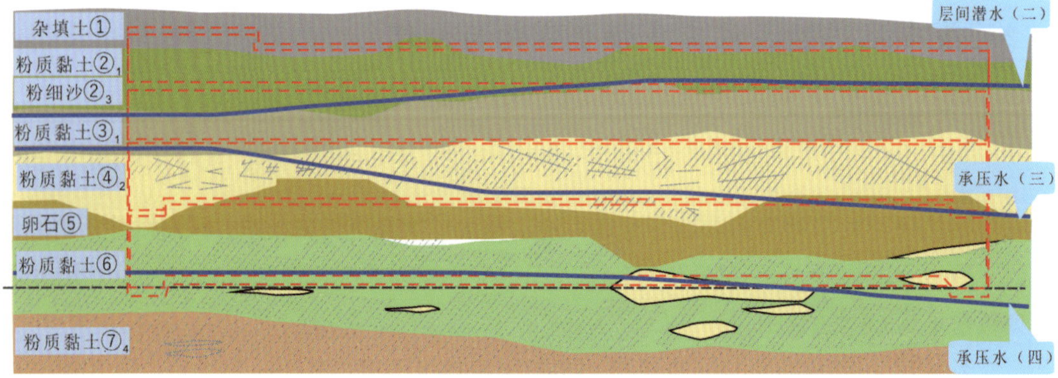

图9.11　车站地质剖面图

（二）：水位埋深为8.22～11.1m；承压水（三）：水位埋深为13.80～20.45m；承压水（四）：水位埋深为21.19～23.15m。

（3）工程风险分析

1）工程自身风险分级

车站主体明挖基坑为一级风险（工程自身风险）。基坑开挖应按照“时空效应”理论及相关要求，严格遵循“先撑后挖、竖向分层、纵向分段、横向分块、严禁超挖”的原则以缩短开挖时间，减少累计变形为主要控制目标。

2）环境风险及分级

车站明挖主体水平旁穿Φ1500mm污水管，污水管材质为砼，管内底埋深10.56m，结构距离管线最小水平净距约为6.49m。风险等级为一级。

车站明挖主体水平旁穿Φ500mm燃气管，燃气管材质为钢管，管内底埋深1.29m，结构距离管线最小水平净距约为10.35m。风险等级为一级。

车站明挖主体水平侧穿Φ800mm上水管，上水管材质为钢管，管顶埋深1.68m，结构距离管线最小水平净距约为14.7m。风险等级为二级。

车站明挖主体水平侧穿Φ1800mm雨水管，雨水管材质为砼，管内底埋深6.09m，结构距离管线最小水平净距约为26.6m。风险等级为三级，如图9.12和图9.13所示。

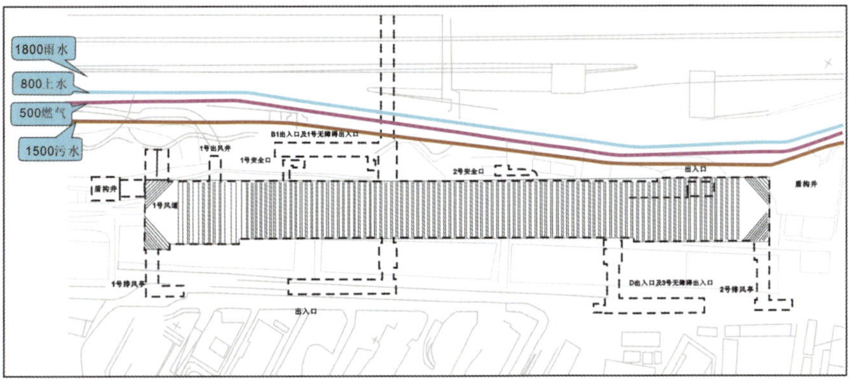

图9.12　车站周边环境风险源平面示意图

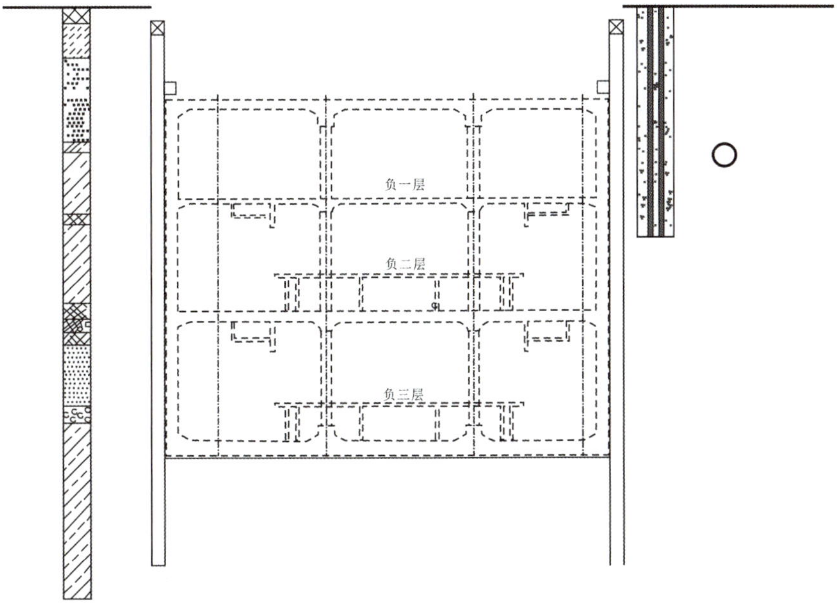

图9.13　典型环境风险（侧穿Φ1500mm污水管线）剖面示意图

（4）地质风险分析

1）基坑存在粉土、粉细砂、中粗砂等稳定较差地层，易发生流砂、管涌、坍塌等现象，并可能导致基坑结构失稳。施工过程应关注周边地表及基坑侧边稳定性，加强对基坑变形及围护结构受力的监测，关注结构稳定性。

2）基坑开挖深度涉及潜水（二）、承压水（三），此外，车站基坑开挖深度约为33.3～34.9m，开挖深度较深需进行坑内疏干。施工过程中围护结构采用1000mm地下连续墙嵌固基坑底面下隔水层方式进行阻水处理，对于基坑内的水采用明排方式处理。

9.2.2 风险控制措施

（1）设计与施工措施

1）设计措施

本工程基坑开挖范围内共涉及三层地下水，采用1000mm地下连续墙嵌固基坑底面下隔水层方式进行阻水处理，坑内地下水采用疏干井明排方式处理，基坑共布置疏干井44口，间距20～40m，同时在基坑四周布置4口观测井。疏干井在开挖含水层15天前开始抽水，将地下水位逐渐降至坑底以下1m，确保基坑无水作业。

基坑开挖前需及时架设钢支撑。当支护结构构件强度达到开挖阶段的设计强度时，方可下挖基坑。基坑开挖应遵循时空效应原理严格按照设计规定的施工顺序和开挖深度按由上而下，分层对称开挖的原则进行作业。基坑开挖时严禁超挖和扰动基底土体。机械挖土至坑底时应留有300mm厚土层，由人工挖土修整基坑。挖土过程中，严格控制分步开挖标高，随开挖及时架设钢支撑，同时在基坑开挖过程中应注意检查已架设钢支撑受力情况，监测数据是否存在异常，发现问题及时采取措施保证钢支撑稳定和连接节点的安全。

基坑周边范围内不得堆载，且地面超载不得超过20kPa。施工前对管线的现状进行核查，了解管线结构现状及运营现状。砼支撑及腰梁：到达腰梁设计标高后，用风镐机凿出地下连续墙腰梁预埋筋，凿除时，首先从水平方向在墙身上打穿，同时从上往下一层一层慢慢凿除，直至凿出腰梁预埋筋为止，凿完用空压机将凿除面吹喷干净，经质检员检查合格后浇筑底模混凝土及铺设竹胶板后方可绑扎钢筋。钢支撑安放到位后，应检查各节点的连接状况，经确认符合要求后方可施加预加力，预加力应分级施加，重复进行，加至设计值时，应再次检查各连接点的情况，必要时应对节点进行加固，待压力稳定后锁定。钢支撑活络端和固定端应交叉布置。钢支撑分段之间可采用法兰连接或焊接。每根钢支撑的安装轴线偏心不大于20mm。采用螺栓连接，拼装时螺栓安装应互相错开螺母连接方向，并应在平整地方进行拼装，采用对角和分级分序将螺母扳紧，使各螺栓受力均匀。

钢支撑与构格柱的连接必须按照图纸要求安装牢固；并应定期对钢支撑的受力情况进行检查。预加轴力过程应记录真实、及时、清晰；支撑安装及时；钢支撑轴力监测齐全；钢支撑安装完成后应派专人对安装完成的支撑进行检查，特别是端头井斜支撑的安装质量检查。支撑架设应避免选择在温度最高或最低时进行。夏季施工时，因太阳暴晒产生的温度应力与支撑力叠加，当达到设计值并有增加趋势时，应及时采取在支撑上覆盖麻袋淋水等降温措施。在冬季施工时，由于温度收缩引起支撑端头出现空隙时，应及时打入铁楔楔紧。

2）施工措施

深基坑开挖依据马道设置、支撑施工、施工阶段划分编制方案，如何合理地编制开挖方案，考虑到施工各阶段存在的问题，前瞻性地在方案编制过程中合理规划，使施工过程中减少不必要的措施投入，使效益最大化，使施工风险可控，进行了施工方案的比选。掌握业主和设计提供的管线综合交底中的管线情况，并进行现场核查，必要时可以现场进行挖探坑或者采用雷达勘探等方法，对管线进行现场核查和补充调查，对管线的性质、材质、埋深、与通道的关系等了解清楚。如果在核查过程中发现现场情况与设计图纸不符时，绘制现状管线图，形成核查成果，及时向项目管理单位、监理单位、设计单位和管线权属单位报告。

施工前仔细研究管线数量、走向和埋深，并对项目各个部门进行现场管线交底，尤其是现场值班人员要熟悉管线的名称、数量、埋深及与结构的位置关系。根据调查的管线资料对管线采取保护措施，制定应急预案。针对Φ1500mm污水管线搭设隔离桩保护，采用隔离桩加固。基坑边界周边地面应设排水沟，且应避免漏水、渗水进入坑内。

（2）监测控制指标

依据设计文件给出的各监测对象控制值如表9.7所示：

表 9.7　监测对象控制值

序号	监测对象	监测项目	判定内容	控制值
1	明挖基坑	围护墙顶沉降	沉降 绝对沉降量	累计沉降≤10mm， 变化速率：1mm/d
		围护墙顶水平位移	水平位移 绝对变化量	水平位移≤30mm， 变化速率：2mm/d
		围护墙体水平位移		水平位移≤30mm， 变化速率：3mm/d
		立柱结构沉降	立柱结构沉降 绝对沉降量	累计沉降≤10mm， 沉降速率：1mm/d
		支撑轴力	支撑轴力现场实测值	≤设计轴力， 警戒值为80%设计轴力
2	周边地表	道路地表沉降	地表沉降 绝对沉降量	累计沉降≤30mm， 沉降速率：2mm/d
3	地下管线	地下管线沉降及差异沉降	管线沉降 绝对沉降量	有压：累计沉降≤10mm， 变形速率：≤1mm/d 无压：累计沉降≤20mm， 变形速率：≤2mm/d

注：控制值由工点设计单位提供。

9.2.3 施工过程风险管控

（1）工程监测预警及分析

1）监测预警统计

车站自基坑开挖至今，共发布3个红色、446个橙色、450个黄色监测预警，监测预警统计表如下表9.8所示，结果统计如图9.14所示。

表 9.8 车站监测预警统计表

工点名称	消警			新增预警			预警累计		
	红色	橙色	黄色	红色	橙色	黄色	红色	橙色	黄色
车站	3	419	437	3	446	450	0	27	13

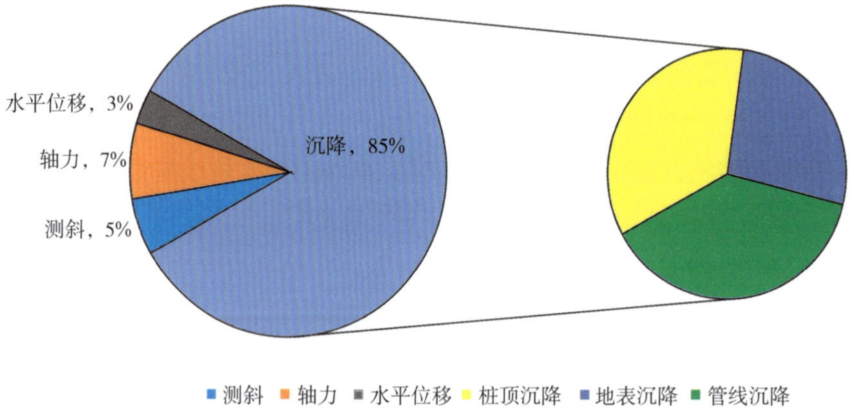

图9.14 车站监测预警测点占比统计

从图中分析得出，车站监测预警主要为沉降类预警，占总比例的84%，沉降类监测预警中，管线沉降预警较多，占比32%，由于管线变形控制值及速率要求较高，管线沉降类监测预警发布较多，但整体处于风险可控的状态。

2）典型监测数据分析

车站为满足工期要求，施工过程中做了如下调整：

将原设计车站围护结构15-19轴、39-42轴第一道混凝土支撑调整为Φ800mm × 20mm钢支撑；如图9.15所示。

将原设计中南北扩大端第三、四层混凝土支撑调整为Φ800mm × 20mm钢支撑，并在第三层及第四层加密钢支撑；根据北侧扩大端第四、五道钢支撑监测数据，支撑轴力值远小于设计值（约为设计值的八分之一），由此可判断标准段第五道钢支撑可取消。

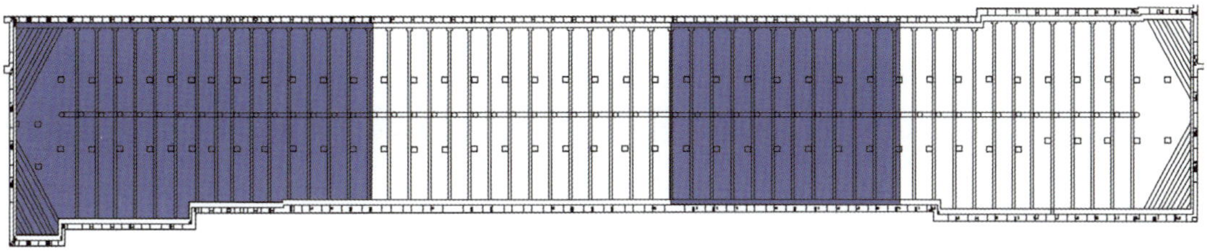

图9.15　车站混凝土撑变钢支撑示意图

表 9.9　车站墙顶沉降占比统计表

	车站墙顶沉降统计		
	0～10mm	10～20mm	20～30mm
基坑整体测点数/个	15	12	1
占总变形量百分比/%	54	43	4
基坑东侧测点数/个	7	4	1
占总变形量百分比/%	58	33	8
基坑西侧测点数/个	8个	4个	/
占总变形量百分比/%	67	43	/

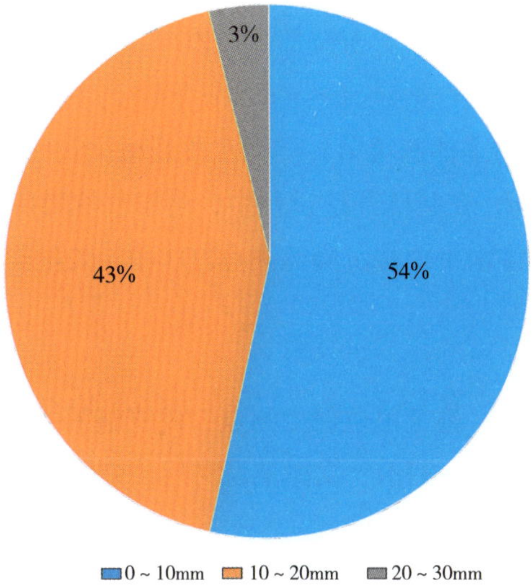

图9.16　车站墙顶沉降占比

从图9.16与表9.9中可以看出：

1）基坑东西两侧墙顶沉降变形分布规律相同；

2）墙顶变形在0～20mm之间的测点占总测点数的96%，说明调整后的墙顶变形控制值-10～20mm较为合理（原控制值10mm）。

3）红色监测预警及处理

截至2020年07月16日，在车站施工过程中，第三方监测单位共计发布3点次红色监测预警，均为地下管线监测点。如表9.10所示。

表 9.10　红色监测预警统计表

发布日期	测点编号	预警部位	测点类型	预警等级	备注
2019.08.25	DB-04-01	基坑东侧	地表沉降	红色	已消警
2019.11.27	ZQT-07-02A	基坑西侧	桩体水平位移	红色	已消警
2019.12.05	ZQT-05-02	基坑西侧		红色	已消警

预警情况描述：

2019年08月25日，车站主体基坑第1～4流水段土方开挖，开挖深度约8～31.5m，土层多为粉细砂层、粉质黏土层，且开挖过程涉及潜水（二）、承压水（三）。地层含水，不易排出，在基坑开挖过程中，基坑北侧扩大端东北角第五道斜撑处存在四处渗水点，导致地表沉降监测点DB-04-01阶段变形较大，累计及变化速率均超控制值。

2019年11月27日，车站主体基坑第1～4流水段底板浇筑完成，第5～7流水段土方开挖，开挖深度约17～33.64m，在基坑开挖过程中，由于基坑第四道支撑加载滞后，邻边存在大型机械超载作用，桩体水平位移沉降监测点ZQT-07-02A阶段变形较大，累计及变化速率均超控制值。

2019年12月05日，车站主体基坑第1～5流水段底板浇筑完成，第6～14流水段土方开挖，开挖深度约5～33.64m，在基坑开挖过程中，由于基坑第四道支撑加载滞后，邻边存在大型机械超载作用，桩体水平位移沉降监测点ZQT-05-02阶段变形较大，累计及变化速率均超控制值。

预警处理措施：

针对前述红色监测预警：施工单位保护测点，规范施工，加强监测和现场巡视，关注周边地表、管线、地连墙接缝渗漏水、支撑架设滞后、墙体变形情况。

预警处理控制效果分析：

施工单位采取措施后，变形趋于稳定，现场巡视周边环境和围护结构无异常，整体风险状态可控，监测时程曲线如图9.17和图9.18所示。

（2）险情/预警及响应、处置

1）巡视预警统计

本工程没发生险情，但发生多个监测预警和多次巡视预警，包括1个橙色、13个黄色巡视预警，参见表9.11。巡视预警多为基坑侧壁渗水以及支撑架设不及时。

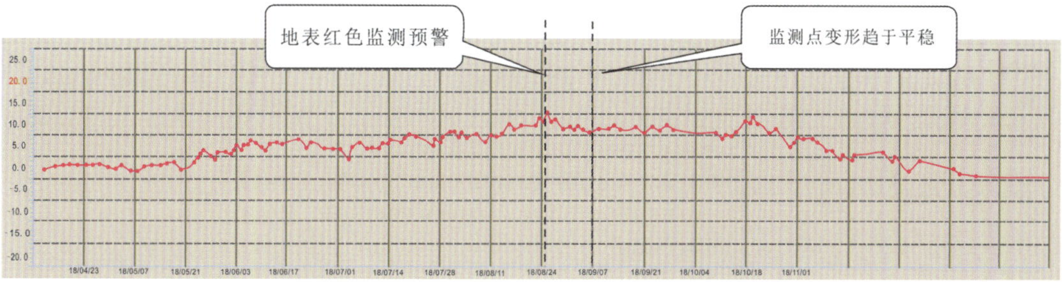

图9.17　红色预警地表监测点处置后时程曲线

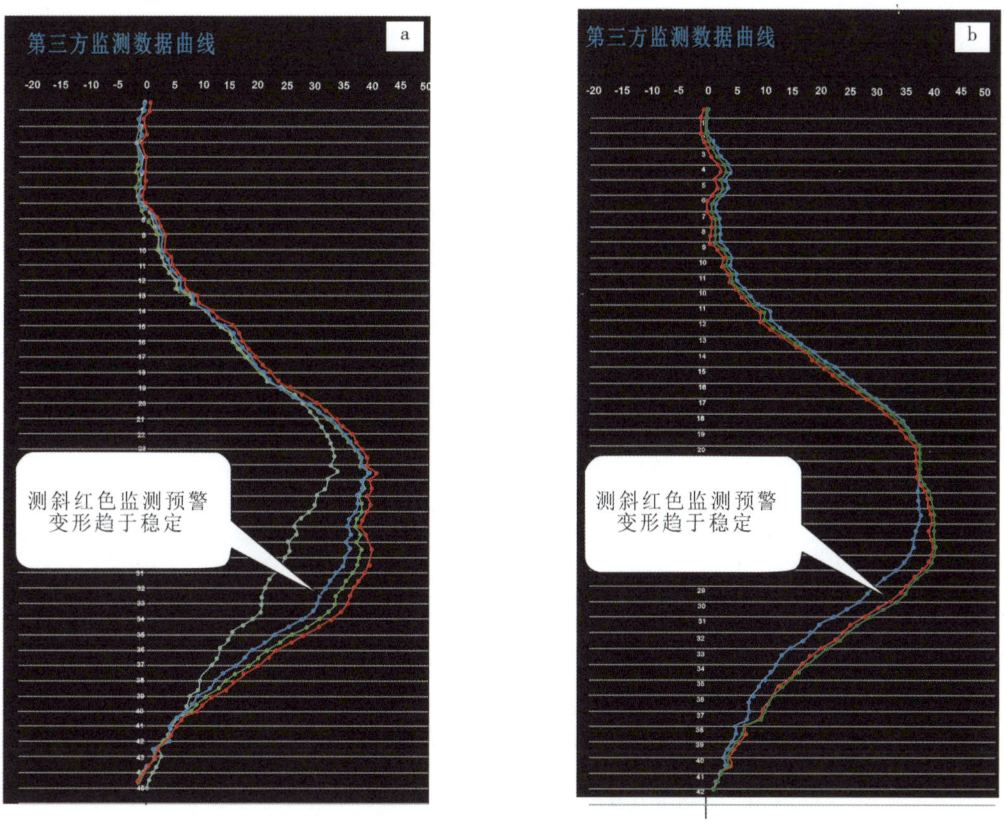

图9.18　红色预警测斜监测点处置后时程曲线

a—测斜ZQT-05-02；b—测斜ZQT-07-02A

表 9.11　巡视预警统计表

发布单位	发布日期	预警部位	等级	预警情况概述	响应处置情况	消警日期	预警类型
监理方	2019.8.27	主体基坑	黄色	基坑北侧扩大端东北角第五道斜撑处存在四处渗水点，工字钢接头处存在小股明流	已响应已处置	2019.8.30	侧壁稳定与基坑渗漏水

续表

发布单位	发布日期	预警部位	等级	预警情况概述	响应处置情况	消警日期	预警类型
监理方	2019.10.17	主体基坑	黄色	基坑北侧4轴处第5道钢支撑架设不及时，5轴处土方未分层开挖，高度为7m，7轴处第3道钢制撑架设不及时，10轴处第2道钢支撑架设不及时	已响应已处置	2019.10.24	支护体系
监理方	2019.10.29	主体基坑	黄色	基坑6至8轴钢支撑直撑架设滞后	已响应已处置	2019.10.31	支护体系
明挖组	2019.11.06	主体基坑	黄色	基坑第14轴第二道钢支撑架设滞后3根，第19轴至20轴第一道钢支撑施做滞后	已响应已处置	2019.11.11	支护体系
明挖组	2019.11.27	主体基坑	橙色	基坑自北向南第5流水段，开挖至基底附近，该流水段发生3个墙体变形预警，墙体变形较大，累计最大变形31.68mm（h=28.5m处），最大变形速率4.8mm/d，存在风险	已响应已处置	2019.12.04	其他
明挖组	2019.12.23	主体基坑	黄色	第八流水段第三道支撑滞后2根，第七流水段至第八流水段交界处第三道至第四道支撑之间剪刀撑滞后	已响应已处置	2019.12.28	支护体系
监理方	2020.1.4	主体基坑	黄色	地连墙接头处质量较差	已响应已处置	2020.1.7	侧壁稳定与基坑渗漏水
第三方	2020.5.14	主体基坑	黄色	35–36轴第4道钢支撑，36–37轴第3道钢支撑，37–38轴第2道钢支撑，38–39轴第1道钢支撑架设不及时	已响应已处置	2020.5.18	支护体系
明挖组	2020.5.20	主体基坑	黄色	上清桥站基坑36轴东侧第四道支撑上方0.5m处，阴角部位发生渗漏水（清水），漏水部位前方流水段土方开挖不协调，第四道支撑架设滞后	已响应已处置	2020.6.3	侧壁稳定与基坑渗漏水
第三方	2020.5.26	主体基坑	黄色	42–41轴第一道钢支撑，41–39轴第二道钢支撑，39–38第三道钢支撑架设滞后	已响应已处置	2020.6.29	支护体系
第三方	2020.6.2	主体基坑	黄色	主体基坑南端土方开挖处于收口阶段，基坑南侧短边监测断面测点（测斜管1根，桩顶水平位移测点1个，桩顶沉降测点1个，地表沉降测点3个）受土方开挖影响尚未布设	已响应已处置	2020.6.2	其他
监理方	2020.6.12	主体基坑	黄色	40轴附近第二道钢支撑三根对撑架设不及时；37轴附近第四道钢支撑两根对撑架设不及时；39轴附近第三道钢支撑两根对撑架设不及时。基坑东侧35轴阴角部分存在明流渗水	已响应已处置	2020.6.12	支护体系
监理方	2020.6.27	主体基坑	黄色	44轴第三层角撑架设不及时，42轴第三层支撑直撑架设不及时	已响应已处置	2020.7.2	支护体系
明挖组	2020.7.6	主体基坑	黄色	基坑第13流水段第五道支撑滞后5根；第14流水段东侧地表机械作业紧邻坑边	已响应已处置	2020.7.13	支护体系

2）典型巡视预警响应与处理

侧壁稳定与基坑渗漏水：

原因分析：地下连续墙工字钢接头施工缝处刷壁质量较差，造成接缝处渗水，发布黄色巡视预警，如图9.19所示。

图9.19　预警及处置对比照片

预警处置：按照企业《地下连续墙质量缺陷处理方案》及时对渗水点进行注浆止水。

处置效果：实施处置效果较为显著，并持续关注该部位渗漏水情况。

支护不及时：

原因分析：施工组织不合理，土方开挖与钢支撑架设工序衔接不当，钢支撑架设速度缓慢，发布黄色巡视预警。

预警处置：加大现场钢支撑架设人员及设备投入，及时架设钢支撑；加强现场土方作业管理，规范施工；严格执行方案，分层开挖土方。

处置效果：及时补充架设钢支撑，基坑变形已得到有效控制。

9.2.4　经验总结及建议

1）基坑变形主要受土方开挖影响，但侧壁渗漏水，钢支撑架设不及时、临边重载等会导致基坑自身围护结构变形发生突变，在封堵渗水点，架设钢支撑后，围护结构变形趋于平稳，在底板施作完成后，围护结构变形稳定。

2）基坑混凝土支撑与钢支撑相比，轴力变化较大。在实际监测过程中，钢支撑受温度影响比混凝土撑明显，但钢支撑架设较方便快捷，施工工期较短，若土方开挖过程中及时架设钢支撑，基坑变形会得到有效控制。

3）在施工过程中，受侧向土压力影响，越接近基底，墙体水平位移变形越明显。所以在桩（墙）+撑体系施工过程中，要保证临近基底的支撑架设及时性，才能较好地控制基坑围护结构变形。

9.3 某换乘站盾构井坑底突涌险情及处理

9.3.1 工程概况

（1）工程简介

北京某地铁四线换乘车站，明挖段西端为盾构始发井，东端接四线暗挖段（图9.20），里程：左K2+184.769至左K2+344.168，右K2+184.769至右K2+344.168。基坑长159.6m，其中盾构井段长15.6m，宽39.2m，基坑深约24.1m；标准段宽35.8m，基坑深约22.5m。

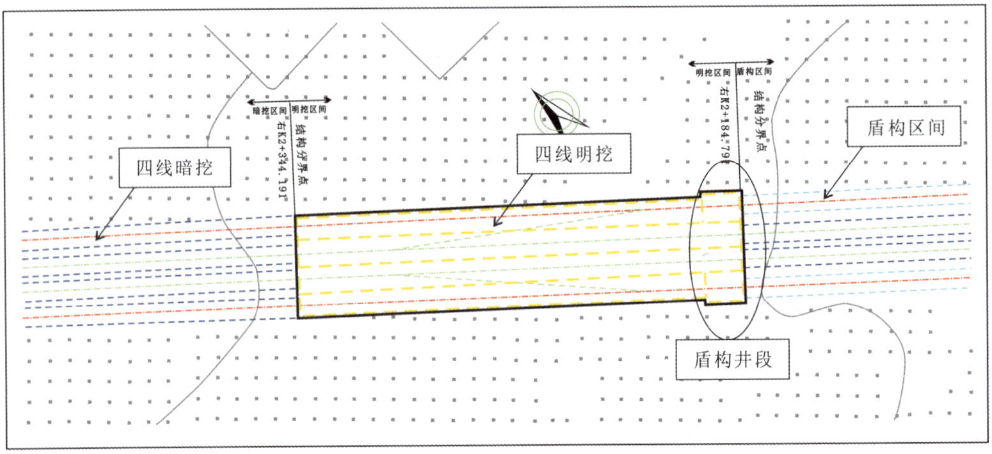

图9.20　四线明挖段平面图

四线明挖段基坑采用地连墙+四道钢支撑支护形式，盾构井段基坑围护结构平面布设如图3.4所示。地连墙厚度0.8m。第一、二、四道钢支撑采用Φ609mm、壁厚16mm钢管撑，第三道钢支撑采用Φ800mm、壁厚20mm钢管撑，第一道横撑间距6m，其余横撑间距3m，盾构井段竖向增设一道换撑Φ609mm、壁厚16mm，地连墙混凝土强度等级为C30。

盾构井段地连墙深度35.01m，插入⑦4层粉质黏土，对承压水（六）构成落底式帷幕；标准段地连墙深度29.87m，插入⑦2层粉质黏土，对承压水（五）构成落底式帷幕，如图9.21所示。

地下水控制方案最终定为地连墙落底式止水帷幕+坑内疏干降水+坑外减压降水。不同设计阶段疏干降水设计情况如表9.12，表9.13所示。

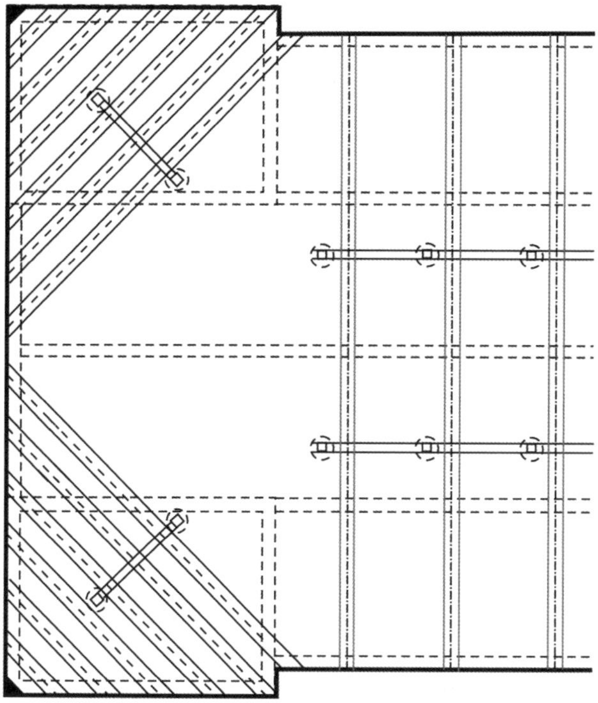

图9.21　四线明挖段盾构井段围护结构平面图

表 9.12　各阶段降水设计概况

时间	图纸阶段	设计依据	地下水控制方案	概预算
2016.5	降水初步设计	初勘报告（2008年7月）	地连墙止水帷幕+坑内疏干，基坑内布设30眼疏干井，井深24m，井径600mm，采用无砂混凝土井管，井管直径/壁厚为400mm/50mm，配泵100QJ3.2–54/8，0.75kW；3组6眼观测井，分别观测层间水—承压水（三）、承压水（四）、承压水（五），井深分别为10.5m、20m、30m，井径127mm，采用PVC管，井管直径/壁厚为50mm/2mm	以降水初步设计图作为施工招标图
2016.11	降水施工设计	施工招标图，详勘报告（2015年11月）	相比降水初步设计图，疏干井井深增加4m，即28m，其余不变	
2017.12	降水施工设计变更	补勘报告（2017年11月）	相比降水施工设计图，增设40眼坑外减压降水井，采用无砂混凝土井管，井管直径/壁厚为400mm/50mm，配泵175QJ12—45/3，2.2kW	

表 9.13　不同阶段勘察揭露地下水特征一览表

地下水性质	稳定水位（承压水测压水位）		承压水测压水头/m	观测时间	主要含水层
	高程/m	埋深/m			
潜水（二）	20.38	4.48		2008.7	粉细砂③$_3$层
	17.79 ~ 18.57	6.7 ~ 7.4		2015.11	
	22.53 ~ 22.58	2.53 ~ 2.58		2017.12	

续表

地下水性质	稳定水位（承压水测压水位）		承压水测压水头/m	观测时间	主要含水层
	高程/m	埋深/m			
层间潜水–承压水（三）	18.34 ~ 18.98	5.88 ~ 6.4	3.4 ~ 3.8	2008.7	粉细砂④$_3$层
	14.8 ~ 16.79	8.4 ~ 9.3	0.8 ~ 2.1	2015.11	
	17.00 ~ 19.25	5.86 ~ 8.11	2.1 ~ 2.7	2017.12—2018.1	
承压水（四）	11.29	13.35	2.8	2008.7	粉砂⑤$_2$层
	12.47 ~ 13.69	11.3 ~ 12.8	3.7 ~ 5.8	2015.11	
	12.80 ~ 17.68	7.43 ~ 12.31	4.3 ~ 9.1	2017.12—2018.1	
承压水（五）	7.89 ~ 8.9	15.2 ~ 17.3	7.1 ~ 10.8	2015.11	细砂⑥$_3$层
	10.01 ~ 11.64	13.4 ~ 14.87	9.1 ~ 10.9	2017.12—2018.1	
承压水（六）	5.7 ~ 6.92	17.4 ~ 18.4	12.1 ~ 13.1	2015.11	细砂⑦$_2$层
	8.43 ~ 10.1	15.0 ~ 16.68	13.1 ~ 15.9	2017.12	

注：1.2008年7月为初步勘察地下水位。2015年11月为详细勘察地下水位，2017年12月12日为补充勘察水位。

2.各含水层之间的隔水层主要为粉质黏土。

（2）工程地质与水文地质条件

工程场地属典型平原地貌，地形较为平坦，地面高程为23.64 ~ 23.8m。无地表河流等水体经过。场内分布地层为细粒地层，黏土、黏质粉土、粉土、粉砂、细砂呈互层分布。工程场地存在多层地下水，含水层主要为砂层，隔水层主要为粉质黏土。不同阶段勘察（初勘、详勘、补勘）揭露地下水特征如表1.1所示，由此表可见，从初勘、详勘到补勘先后的3个阶段承压水（四）、（五）、（六）的水头逐年呈上升趋势。基坑围护结构与地层、地下水关系详见图9.22和图9.23。

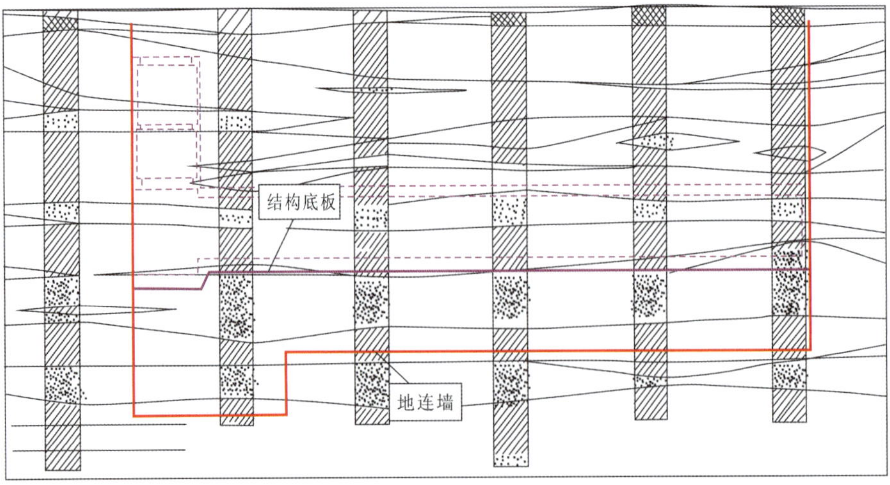

图9.22　基坑围护结构与地层、地下水关系剖面图

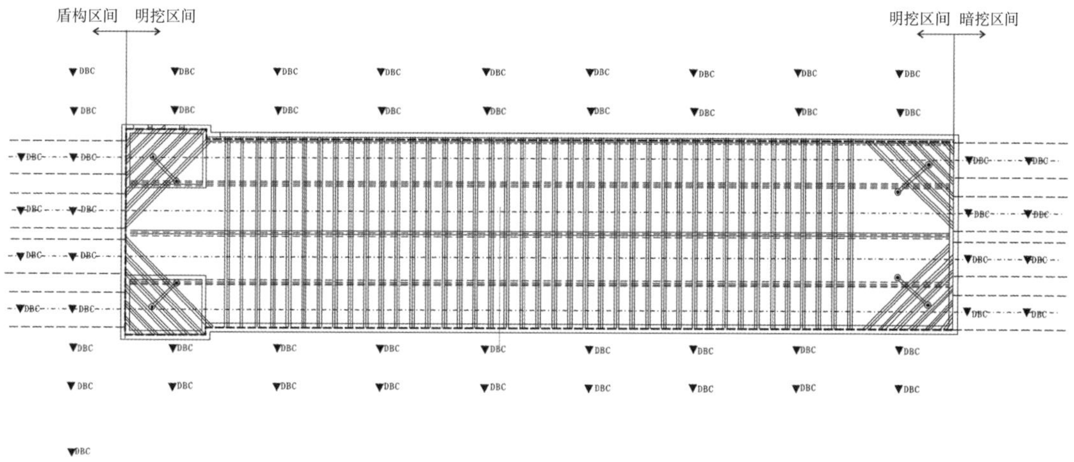

图9.23　基坑工程监测点位布置图

（3）地质风险分析

地质风险因素识别：本工程地层为砂层与黏性土地层互层，地下水位高，且存在多层承压水影响，因此，本工程主要地质风险因素为存在多个富水砂层，而且承压水水头较高。

地质风险单元划分：虽然四线明挖基坑地层分布没有太大变化，但由于四线明挖段分为盾构始发井段与标准段，盾构始发井段基坑较标准段基坑更宽、更深，围护结构地下连续墙也因此产生异形分幅，深度也发生变化，综合考虑，该明挖段划分为两个地质风险单元。

地质风险单元（一）：该单元为四线明挖盾构始发井段，该单元长15.6m，宽39.2m，基坑深约24.1m。该单元地连墙深度35.01m，插入⑦4层粉质黏土。

地质风险单元（二）：该单元为四线明挖标准段，该单元长144m，标准段宽35.8m，基坑深约22.5m。该单元地连墙深度29.87m，插入⑦2层粉质黏土，对承压水（五）构成落底式帷幕。

地质风险源辨识：地质风险单元（一）高低跨部位无分隔墙或其他隔断措施，对承压水（六）没有构成封闭落底式帷幕，帷幕内、外的承压水（六）依然存在水力联系。而且，地连墙落底部分插入隔水层的最小嵌固深度仅有1.06m，小于规范1.5m的嵌固深度要求，对于承压水（六）有发生绕渗的可能性，使得该基坑存在基底绕流、突涌、围护结构渗漏、围护结构变形、地表过量沉降、降水困难等重大风险。

地质风险单元（二）地连墙插入隔水层的最小嵌固深度仅有0.93m，小于规范1.5m的嵌固深度要求，对于承压水（五）有发生绕渗的可能性，从而造成该基坑存在基底绕流、围护结构渗漏、围护结构变形、地表过量沉降等风险。

基坑外侧未布设应急减压降水井，使得该基坑存在基底绕流、突涌、围护结构渗漏、围护结构变形、地表过量沉降等重大风险。

由于地铁项目建设周期长，正式施工阶段与初步设计阶段、施工设计阶段间隔时间长，地下水水位变化的可能性较大，使得该基坑存在突涌、围护结构变形、地表过量沉降等重大风险。

9.3.2 地质风险评价与分级

1）根据类似工程地质、水文地质等设计条件的地质风险发生情况，结合工程实践经验，判断该明挖基坑工程施工地质风险事件发生概率>0.1，地质风险事件发生可能性属“频繁的”，确定地质风险发生可能性等级为一级，划分标准见表9.14。风险类型为：基坑失稳、基坑突涌、侧壁渗漏、环境过量变形等。

表 9.14 地质风险可能性等级划分标准

等级	1	2	3	4	5
可能性	频繁的	可能的	偶尔的	罕见的	不可能的
概率或频率值	>0.1	0.01 ~ 0.1	0.001 ~ 0.01	0.0001 ~ 0.001	<0.0001

2）根据勘察资料和结构设计资料识别地质风险，识别结果见表9.15。

表 9.15 地质风险识别情况一览表

地质风险源识别		风险类型	可能性分级	频率值
地质风险单元（一）	盾构接收井段地连墙较标准段地连墙加深5.14m，高低跨部位帷幕隔水不封闭，低跨部位未隔断承压水（六）	基坑突涌，侧壁渗漏，环境过量变形	频繁	0.1
	基坑外侧未设置应急减压降水井	基坑突涌	频繁	0.1
	地连墙插入下部隔水层的最小嵌固深度仅有1.06m，小于规范1.5m的嵌固深度要求	基底绕流	频繁	0.1
	地铁项目建设周期长，正式施工阶段与初步设计阶段、施工设计阶段间隔时间长，地下水水位变化的可能性较大	基坑突涌	频繁	0.1
地质风险单元（二）	基坑外侧未设置应急减压降水井	基坑突涌	频繁	0.1
	地连墙插入下部隔水层的最小嵌固深度仅有0.93m，小于规范1.5m的嵌固深度要求	基底绕流	频繁	0.1
	地铁项目建设周期长，正式施工阶段与初步设计阶段、施工设计阶段间隔时间长，地下水水位上升的可能性较大	基坑突涌	频繁	0.1

3）根据地质风险识别及分级结果，结合现场实际施工情况，工程风险控制措施建议如表9.16。

表 9.16　地质风险控制措施建议

地质风险源识别	风险类型	可能性分级	频率值	建议
盾构接收井段地连墙较标准段地连墙加深5.14m，高低跨部位帷幕隔水不封闭，低跨部位未隔断承压水（六）	基坑突涌、侧壁渗漏	频繁	0.1	在高低跨部位施做分隔墙或咬合搭接旋喷桩，对盾构井构成封闭的隔水帷幕
基坑外侧未设置应急减压降水井	基坑突涌	频繁	0.1	增设应急减压降水井
地连墙插入下部隔水层的最小嵌固深度仅有1.06m（标准段0.93m），小于规范1.5m的嵌固深度要求	基底绕流	频繁	0.1	适当加深地连墙深度，使隔水帷幕有效落底
地铁项目建设周期长，正式施工阶段与初步设计阶段、施工设计阶段间隔时间长，地下水水位变化的可能性较大	基坑突涌	频繁	0.1	①利用详勘的地下水位长期观测井监测资料，分析、预测地下水位变化规律；②在施工阶段进行补充勘察，必要时进行降水设计变更

9.3.3　风险控制措施

（1）工程施工节点

基坑支护、降水疏干及开挖工程施工节点见表9.17。

表 9.17　基坑支护、降水疏干及开挖施工节点情况

时间	施工进展	情况说明
2017.4.19—7.2	完成地连墙的施工	正常施工
2017.7.17—8.6	完成30眼疏干井	8月15日开启疏干降水，约一周时间水位降至基坑底板以下，但部分疏干井需持续抽水，说明地连墙帷幕内、外存在一定水力联系
2017.8.25开始	土方开挖与钢支撑架设交错进行	正常施工
2017.11.13	盾构井段土方开挖到第四道钢支撑下方1m	第一、二、三道钢支撑斜撑架设完成，临近斜撑的直撑有一道未架设，第四道钢支撑均未架设 第一道钢支撑设计轴力为2715kN，预加轴力为300kN，实测轴力为300kN，第二道钢支撑设计轴力为2715kN，预加轴力为500kN，实测轴力为300kN，第三道钢支撑设计轴力为5719kN，预加轴力为800kN，实测轴力为900kN，各道支撑预加轴力偏小
2017.11.24	险情发生	

（2）监测方案

本工程对地表沉降、墙顶水平位移、支撑轴力、墙顶垂直位移、墙体深层水平位移、临时立柱沉降、地下水位等项目进行了监测，监测控制指标见表9.18。监控量测预警状态按严重程度由小到大分为三级：黄色监测预警值、橙色监测预警值、红色监测预警值。相应预警状态应对措施是：①加密监测；②加强观测，检查工程措施；③停止施工，采取补救措施，进行专项设计。

表 9.18　监控量测控制指标一览表

序号	监测项目	变形速率	控制值
1	地表沉降	2mm	30mm
2	墙顶水平位移	2mm	30mm
3	墙顶垂直位移	1mm	30mm
4	墙体水平位移	3mm	30mm
5	支撑轴力	—	设计值的70%
6	临时立柱沉降	3mm	20mm
7	地下水位	500mm	1000mm

9.3.4　施工过程风险管控

（1）险情/预警及响应、处置

2017年11月24日，四线明挖段盾构井开挖至距坑底0.3m位置，第四道钢支撑斜撑架设完成（图9.24a）。次日上午8时，在清理基坑槽底土方时，坑底发生突涌，出现若干个泉涌点（图9.24b）。周边地表沉降量及沉降范围均增大，且东北角地表变形速率相对东南侧较大，可判断为盾构井东北角涌水造成连续墙外地层水土流失，致使地表局部沉陷。第四次钢支撑轴力均出现增大趋势。

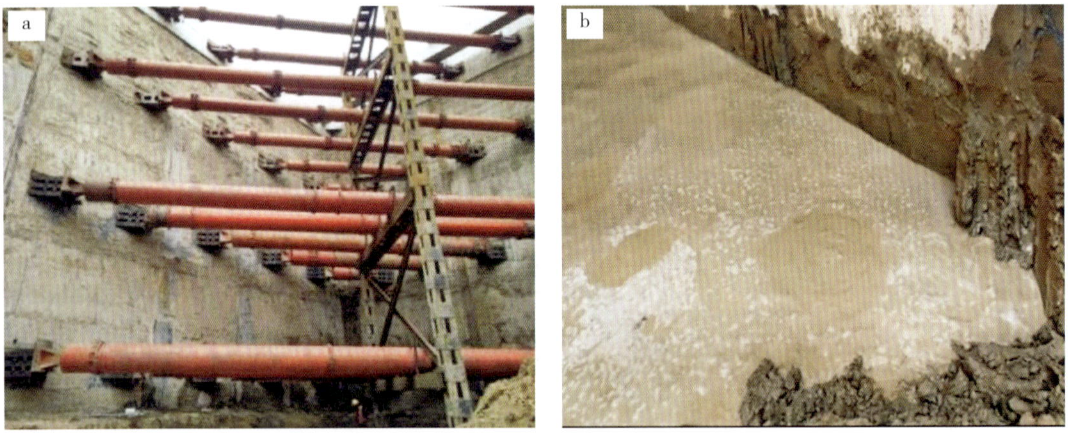

图9.24　现场照片

a—渗漏发生前现场开挖进度；b—承压水突涌发生情形

另外，从2017年11月13日开始，该基坑的地表沉降、测斜、钢支撑轴力等监控量测数值，从正常逐步进入黄色预警、橙色预警和红色预警，变化速率和累计值远超控制值，部分监控量测指标发展情况如图9.25和图9.26所示。

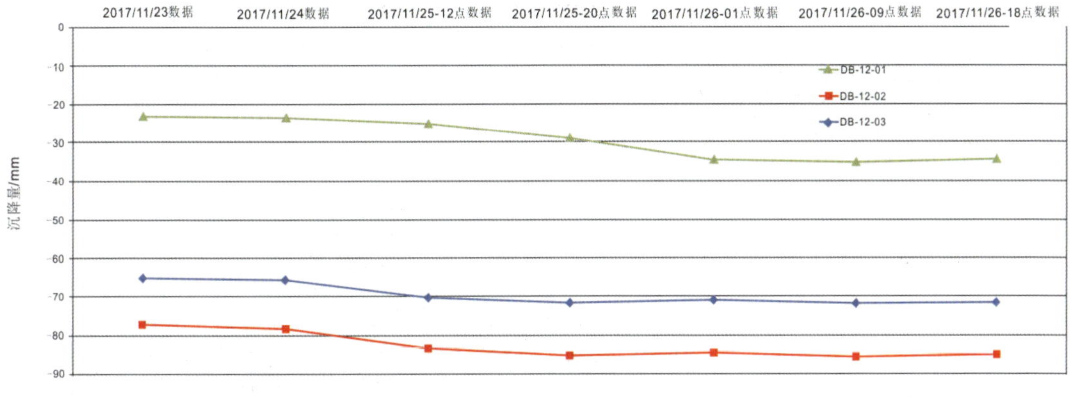

图9.25　盾构井外侧地表沉降监测变化情况

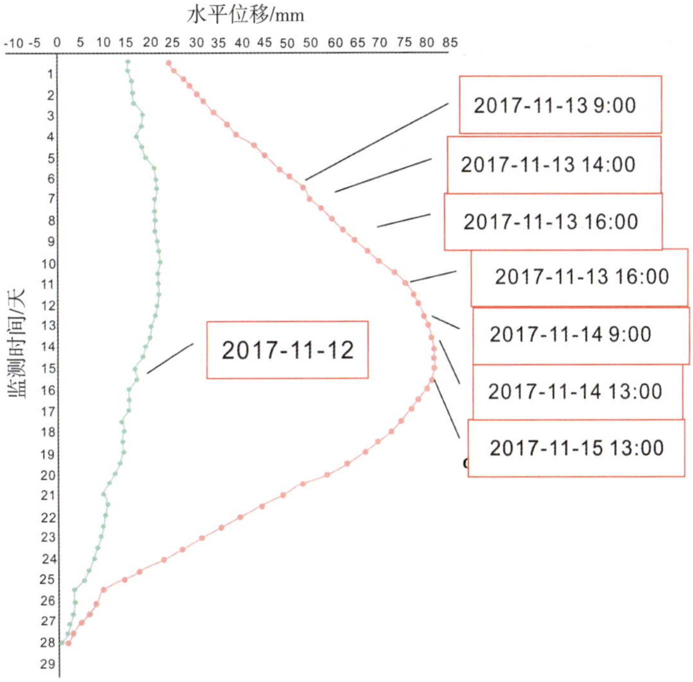

图9.26　盾构井部位地连墙深层水平位移历时曲线

发生突涌后，施工单位立即启动应急预案，用无纺布、袋装水泥等材料进行反压，同时在突涌部位外侧构筑拦水土坝，并配置4台水泵抽水。与此同时，发生突涌的另一侧基坑也出现渗水迹象，一并进行了回填反压处理。抢险过程中，施工单位对所有监控量测项目进行了实时跟踪监测。由于施工单位处理及时、得当，有效控制住了险情。如图9.27所示。

（2）参建各方应对措施

建设单位于2017年11月30日组织各参建单位对现场进行踏勘，并邀请专家巡视并进行风险评估。评估会上，建设单位要求参建单位根据各自职责、任务进行分析汇报。

图9.27　现场抢险处理措施

施工单位汇报了施工方案及专家评审情况、方案实施情况、基坑开挖与支护情况、施工中存在问题与处置措施，以及抢险情况等，并提出了下一步施工措施及工程筹划。

第三方监测单位结合工程进度详细介绍该区间明挖段围护结构及地表变形出现异常前后的数据变化情况，并分析了监测预警的原因及后续监测重点。对围护结构变形、支撑轴力、立柱沉降、地表沉降及地下水位变化情况进行了综合分析。介绍了巡视过程中发现的主要问题、信息反馈、处理措施效果评判以及下一步风险管控要点。

勘察单位详细介绍勘察钻孔布置情况、地层情况、含水层分布及特性、水文地质条件变化可能性分析等。

设计单位详细介绍基坑抗承压水隆起稳定性及地下水渗流验算情况及采取的设计措施等。

（3）专家巡视

建设单位随后组织了专家巡视。评估认为，该风险事件总体可控，并提出后续工作建议如下：

1）根据基坑实际状况开展施工专项补充勘察，进一步探明地层和地下水情况，补充勘察点位如图9.53所示。

2）根据补充勘察成果及现场情况，设计单位应制定坑外减压降水的风险控制措施。

3）施工单位会同设计单位制定坑外地表沉陷区及坑内承压水突涌扰动地基土部位的加固处理措施。

4）施工单位应系统检查支撑体系节点，并进行必要补强，补强完成后应按原设计要求施加支撑轴力。

5）加强监控量测与巡查，增加必要的监测项目，并加密布置监测点。

之后，各相关参建单位根据专家巡视意见进行了及时响应。

2017年12月5日—2018年1月8日，勘察单位在本工点及两端进行了8个钻孔的补充勘察，总进尺316.3m，钻孔深度为26.0～53.0m，其中还设置了3个地下水位长期观测孔。补勘结果表明：对基坑影响较大的承压水（五）上升2.74m，承压水（六）上升了3.18m。

设计单位根据补充勘察资料，复核了地下连续墙的设计参数，其中地连墙插入深度不能满足渗流稳定性要求；现状地下水位条件下不能满足抗突涌安全性要求。设计单位为此要求专业降水设计单位进行了坑外减压降水设计。

施工单位在突涌部位进行反压控制后，按照坑外减压降水设计施工图，在四线明挖盾构段基坑外侧施工24眼37m深的减压降水井，标准段施工16眼37m深的减压降水井（图9.28a）。坑外减压降水实施后，承压水头迅速下降，地表沉陷及突涌扰动地基土部位加固得以顺利进行，后续基坑开挖顺利进行（图9.28b）。

图9.28　减压井布设与突涌险情

a—四线明挖基坑外侧减压降水井平面布设图；b—突涌险情处理后安全施工情形

9.3.5 经验总结及建议

地下水是地铁建设重要的地质风险因素，建设单位应充分考虑地下水风险因素动态变化的复杂性，明确各参建方的权责，在地铁建设全周期贯彻地下水风险管控的理念，落实好地质风险管控措施。

从勘察阶段开始，就应该建立沿线地下水位长期观测网，随时掌握地下水位动态变化，并告知各参建方，做到先知先觉，提前制定地下水风险控制预案。

地铁项目从立项、招投标、施工，直至竣工的周期较长，不同阶段的设计图纸参照依据对应阶段的勘察资料。由于不同阶段勘察，设计和施工依据的工程场地水文地质条件是从模糊到清晰的过程。因此，在正式施工时，施工单位应会同勘察设计单位对地下水位进行核查。

风险管控应强化信息化施工。施工单位应将降水涌水量和水位变化情况，及变形监测情况及时反馈给监理和设计单位，监理和设计单位也应该关注施工单位能否掌握设计意图，了解施工进展情况，及时辨识潜在的地下水风险因素。尤其对于多层承压水，需注意承压水的水位变化，对于落底式帷幕，嵌入下部隔水层未必能完全隔断基坑内外的水力联系，需配套制定应急减压降水预案。

近年来，北京受益于南水北调工程，地下水得到涵养，地下水开采量逐年大幅度减少，而且，永定河定期放水，以及限制施工降水政策影响，在地铁建设周期内，地下水水位上升已成必然，带来的地质风险不可避免。因此建设单位应充分考虑招标阶段和施工阶段，水文地质条件的逐步清晰和变化带来的造价预算变化。地下水控制措施造价不应笼统地在招投标阶段按项包死，否则，在没有造价预算可调增的前提下，施工单位不能灵活地根据施工阶段地下水风险变化情况增加风险应对的费用投入，因而可能发生重大地下水风险事故，由此将带来远超正常地下水控制措施造价的抢险治理费用。

9.4 某车站PBA工法施工多预警及洞内塌方处理

9.4.1 工程概况

（1）工程简介

本案例研究车站总长315.8m，共设置2个风道、3个出入口、4个安全疏散口，5座施工竖井。具体参见图9.29车站平面位置图。

车站采用PBA工法，分为上下两层共设8个施工导洞，开挖导洞除上层边导洞长为309.85m，其余导洞均为304.45m。1号竖井以西车站为三层结构，1号竖井以东为两层结构，车站剖面图如图9.30所示。

上层边导洞开挖宽度4.1m，开挖高度4.8m，初支厚度0.3m，采用台阶法开挖，用于施做边桩及冠梁；上层中导洞开挖4.1m，开挖高度4.8m，初支厚度0.3m，采用台阶法开挖，

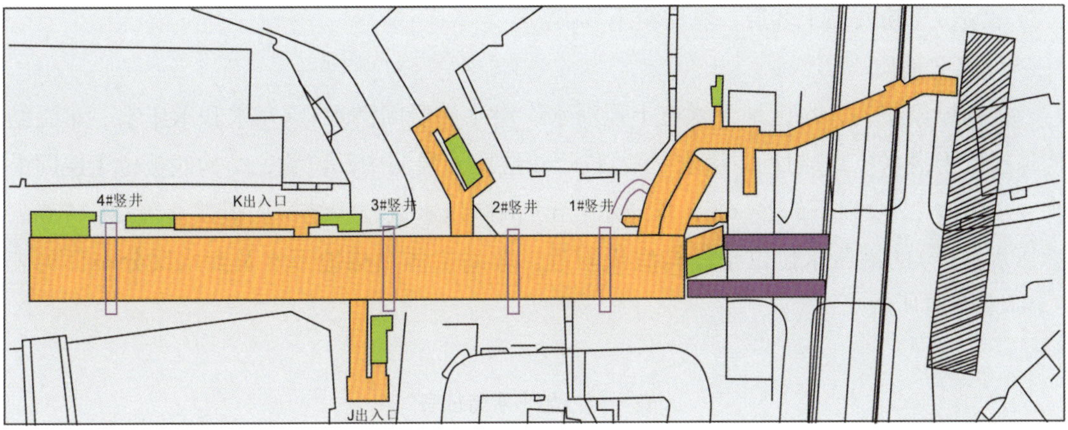

图9.29　车站平面位置示意图

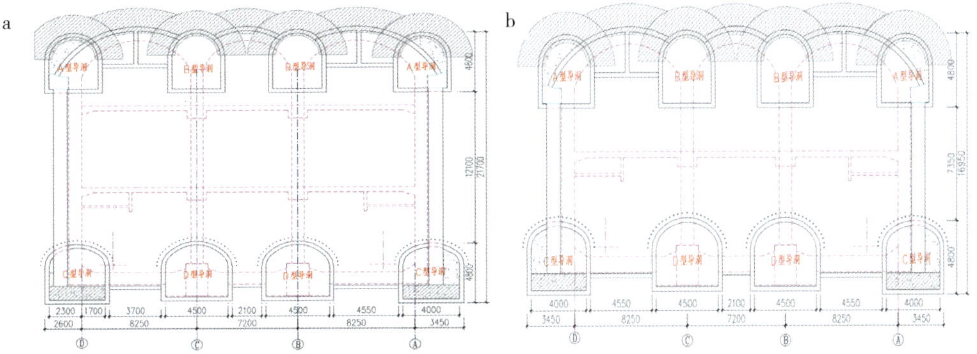

图9.30　车站剖面图
a—车站三层剖面图；b—车站双层段剖面图

用于施做钢管柱及顶纵梁；下层边导洞开挖宽度4.6m，开挖高度4.8m，初支厚度0.3m，采用台阶法开挖，用于边桩底条基；下层边中导洞开挖4.6m，开挖高度4.8m，初支厚度0.3m，采用台阶法开挖，用于中柱下底纵梁施工；边跨及中跨拱部初支结构在底条基、边桩、冠梁、钢管柱及顶纵梁施做完成后施工，初支厚度0.35m。

（2）工程地质及水文地质

1）工程地质

车站主体为双层三跨联拱结构断面形式，结构底板埋深约为28.5m，覆土约12.2m和7.1m（三层段）。结构顶板、侧墙及底板围岩及其稳定性如下：

车站结构顶板：杂填土①$_1$层、素填土①层、粉细砂③$_3$层（局部缺失）、粉质黏土④$_2$层、粉细砂④$_3$层。

车站结构边墙：粉质黏土④$_2$层、粉细砂⑥$_3$层、粉质黏土⑥层、粉细砂⑦$_2$层（局部分布）、粉质黏土⑦$_4$层、中粗砂⑦$_1$层（局部分布）、粉质黏土⑧层、黏质粉土⑧$_2$层。

车站位于粉质黏土⑧层、黏质粉土⑧$_2$层。

2）水文地质

根据勘察报告，场区地下水有上层滞水、潜水、层间潜水–承压水和承压水。车站结构顶板位于潜水（二）附近，潜水（三）位于双层段上导洞中部位置，结构底板位于层间潜水～承压水（四）以下约2～6m，承压水（五）的测压水位位于结构底板以上约3.0～7.0m，承压水（六）的测压水位位于结构底板附近。车站主体结构地下水及含水层分布详见表9.19及图9.31所示。

表 9.19　地下水特征表

地下水性质	稳定水位（承压水测压水位）			含水层
	埋深/m	高程/m	水头/m	
潜水（二）	10.30	26.12	—	④2、④$_3$层
层间潜水（三）	16.45	19.97	—	④$_3$、⑥$_3$和⑥$_2$层
	16.18～16.37	20.31～20.56	—	
层间潜水–承压水（四）	20.5	15.92	0.2	⑦$_2$、⑦$_1$、⑦和⑦$_3$层
	19.80～20.470	16.20～16.93	0～1.9	
承压水（五）	22.0	14.42	9.3	⑧$_2$、⑧$_3$层
	22.30～26.02	10.91～14.45	6.78～8.4	
承压水（六）	28.70～29.86	6.89～7.91	6.9～8.94	⑧$_2$、⑨$_2$层

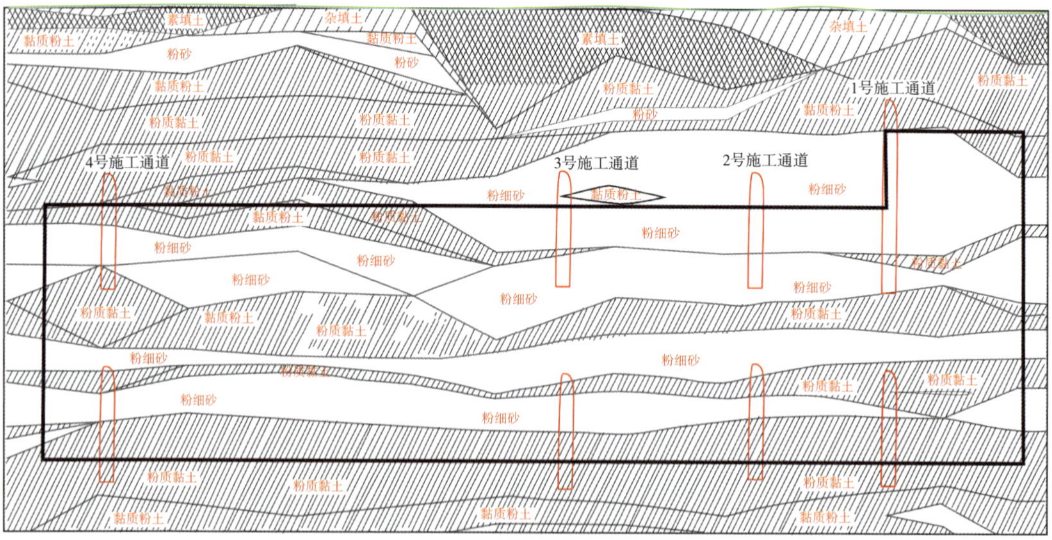

图9.31　车站地质剖面示意图

上层滞水（一）：主要分布于表层填土中，该层地下水无统一自由水面，接受大气降水、管路渗漏和地表排水等的垂直下渗补给，水量受降水量及管路渗漏的调控，水量较小。本次勘察过程中未揭露该层地下水。

潜水（二）：分布于④$_2$黏质粉土层、④$_3$粉细砂层，主要接受大气降水和上层滞水的垂直渗透补给，以侧向径流及向下越流补给的方式排泄，本工点仅初勘期间在十里河居然之家停车场内钻孔（27ZC01）测得该层地下水。

层间潜水（三）：主要分布于④$_3$粉细砂层、⑥$_3$粉细砂层和⑥$_2$黏质粉土层中；含水层顶板为③层黏质粉土，底板为⑥粉质黏土，顶板局部缺失，形成"天窗"。层间潜水主要接受区域地下水侧向径流补给，以及潜水的垂直渗透补给，以侧向径流及通过"天窗"向下越流补给的方式排泄。

层间潜水-承压水（四）：该层水主要分布于⑦$_2$粉细砂层、⑦$_1$中粗砂层及下部⑦圆砾层和⑦$_3$砂质粉土层，该含水层厚度分布不均，含水层顶板为⑥粉质黏土和⑥$_1$黏土层，底板为⑧粉质黏土层。由于⑥粉质黏土层顶板起伏，该层地下水局部地段具承压性。层间潜水-承压水主要接受区域地下水侧向径流补给，以及层间潜水的垂直渗透补给，以侧向径流的方式排泄。

承压水（五）：主要分布于⑧$_2$黏质粉土层、⑧$_3$粉砂层中，含水层相对隔水层底顶板为⑧层粉质黏土。主要接受区域地下水侧向径流补给，以及层间潜水-承压水的垂直渗透补给，以侧向径流及通过"天窗"向下越流补给的方式排泄。

（3）工程风险分析

1）工程风险分级

根据设计文件，车站主体PBA工法工程自身风险为一级，见表9.20。周边环境多而复杂，各环境风险及分级见表9.21。

表 9.20　工程自身风险工程分级

	风险工程名称	风险等级	风险基本状况描述	起点里程	终点里程	关键部位	关键部位处理措施
1	主体结构	一级	详见工程概况	K16+216.16	K16+531.96	初支扣拱	CD法扣边拱

表 9.21　环境风险工程分级汇总表

序号	构筑物名称	构筑物基本状况	风险等级
1	车站南侧2000mm×2300mm 电力管沟	暗挖混凝土方沟，2009年修，埋深8.2m，与本站水平距离9.2m，竖向距离约3m，大羊坊路与三环路路口处有电力井，管沟分别叉向西南方和东南方向，其中东南方向管沟与本站平行，沿线有电力井	二级
2	车站下穿Φ2000mm雨水管	混凝土雨水管，北段位于车站正上方，在车站中部拐弯向东南方延伸上跨车站，车站正上方有雨水井，1996年修，埋深1.88m，位于本站顶板上方3.2m，接口形式为撞口；（管顶为素填土，管底为粉细砂层）	一级
3	车站3层段下穿Φ300mm污水管	混凝土管，埋深1.93m，与车站顶板垂直距离为4.77m	一级
4	车站下穿Φ900mm雨水管	2013年修，埋深2.8m，与车站顶板垂直距离为3.9m（管道位于粉质黏土层）	一级

续表

序号	构筑物名称	构筑物基本状况	风险等级
5	车站导洞临近D_N500中压燃气	钢管，2003年修，接口形式为焊口，埋深分别为2.3m，与车站主体水平距离为1.1m，竖向距离为4.2m（管道位于素填土层）	一级
6	车站导洞临近D_N500高压燃气	钢管，2003年修，接口形式为焊口，埋深分别为0.6m，与车站主体水平距离为16.5m（管道位于素填土层）	三级
7	车站下穿Φ600mm（500）污水管	混凝土管，2013年修，接口形式为撞口，沿线有污水井，埋深2.68m，与本站顶板垂直距离为8.4m；（主体结构三层段上导洞开挖宽度4.1m，开挖高度4.8m，导洞掌子面为位于③$_1$粉砂层；主体结构开挖宽度为25.5m）	一级
8	车站垂直下穿Φ300mm上水管	混凝土上水管，2001年修，接口形式为撞口，车站范围内无井盖，埋深1m，与本站顶板垂直距离为9.7m（管道位于素填土层）	一级
9	车站侧穿Φ400mm上水管	混凝土上水管，2001年修，接口形式为撞口，埋深1.24m，与车站水平距离为8.5m，竖向距离为9.4m（管道位于素填土层）	三级
10	车站西北端头距离既有10号线水平距离17.92m	10号线运营车站，两层盖挖车站，与本站T型换乘，顶板覆土约4.2m，底板埋深约17.5m，与本站通过换乘通道连接；（主体结构三层段上导洞开挖宽度4.1m，开挖高度 4.8m，导洞掌子面为位于③3粉砂层）	一级
11	车站导洞临近10号线既有出入口	出入口采用明挖法施工，车站导洞距离出入口水平间距2.47m	一级
12	居然之家	6层框架结构商场，有地下室，无外扩，与本站水平距离19m	二级
13	家和家美家具广场	3层框架结构商场，无地下室，距离本站主体结构水平距离21m	二级
14	民乐家具广场	单层钢架结构商场，无地下室，结构与本站最小水平距离6.2m	二级
15	强强酒店	15层框剪结构酒店，地下两层，与本站最小水平距离21.6m	二级
16	民航出版社大楼	6层结构，与本站最小水平距离21.5m	二级

2）地质风险分析

根据地质剖面图可知：洞顶及侧壁有较厚的砂层及粉土，自稳性较差，施工过程中易发生坍塌、冒顶、边墙失稳、涌水涌砂等风险。施工过程宜采用先进的注浆工艺及设备，施工前先期进行注浆试验，确保注浆效果。

尤其是结构顶板位于潜水（二）附近，潜水（三）位于双层段上导洞中部位置，结构底板位于层间潜水–承压水（四）以下2～6m，承压水（五）的测压水位位于结构底板以上约3.0～7.0m，承压水（六）的测压水位位于结构底板附近。总体上，地下水位位于开挖面以上，导洞开挖及边桩施工期间均须进行降水作业，确保地下水位位于开挖面以下不小于1m。开挖过程中如遇地层残留水，应及时抽排，对于初支封闭成环后仍出现渗水，则在初支背后注浆堵水。

9.4.2 风险控制措施

（1）设计与施工措施

1）规范施工

车站导洞采用台阶法施工，严格留核心土，控制开挖掌子面进尺，减小开挖步距。严格遵照“管超前、严注浆、短开挖、强支护、快封闭、早成环、环扣环、勤测量”的原则施工，杜绝隧道坍塌。施工过程中减少地层扰动，保证土体的自立性。注浆过程严把钻孔深度、注浆压力、注浆液配合比、注浆量等施工参数。

2）确保辅助加固措施效果

根据地质情况，上层导洞20轴以西拱顶上方处于粉细砂层（不含水），下层导洞拱顶上方粉细砂层（含水），处于易塌方地层，根据设计要求，上层导洞采用深孔注浆工艺，下层导洞采用超前小导管及深孔注浆对地层进行加固。

注浆时采用注浆压力、注浆量双重控制注浆效果。观察注浆压力及流量的变化情况，出现工作面漏浆、跑浆及串孔等异常情况应及时处理。及时背后注浆，第一次距开挖面3 ~ 5m，为低压注浆，注浆压力以控制浆液从开挖面溢出结束；第二次距开挖面8 ~ 10m，为饱压注浆，注浆压力0.3 ~ 0.5MPa；初支背后注浆管应进行接管，以保证后续施工可根据监测情况补充注浆。隧道开挖后，应对注浆效果进行观察与分析，对薄弱地带进行补充浆液；注浆效果不明显时，及时调整注浆浆液配合比，达到最佳注浆效果。

3）管线

施工前应详细调查各种管线的材质、埋深、年代、管径及与暗挖主体结构的相对位置关系，探明有压管线的上下游关系及阀门位置，在突发事件发生时，能快速切断补给；重点核实雨污水管的接头部位、变径、跌水井、检查井等处；对下穿管线段，采取深孔注浆加固地层措施，需保证深孔注浆质量。针对主体北侧上方大羊坊路上Φ2000mm现况雨水管线采用加强型螺旋缠绕工艺进行管内保护，Φ900mm现况雨水管线采用紫外固化7mm方案进行管内保护。

4）建筑物

家具建材广场为上层结构单层排架钢构，柱距6m，跨度21m（三跨）；独立基础3.6m × 3.6m × 3.6m，埋深4m，基础外侧边线距离导洞最近距离4.2m。具体结构关系如图9.32所示。施工前对房屋进行现状调查并做好记录，并确定合理的变形控制指标。

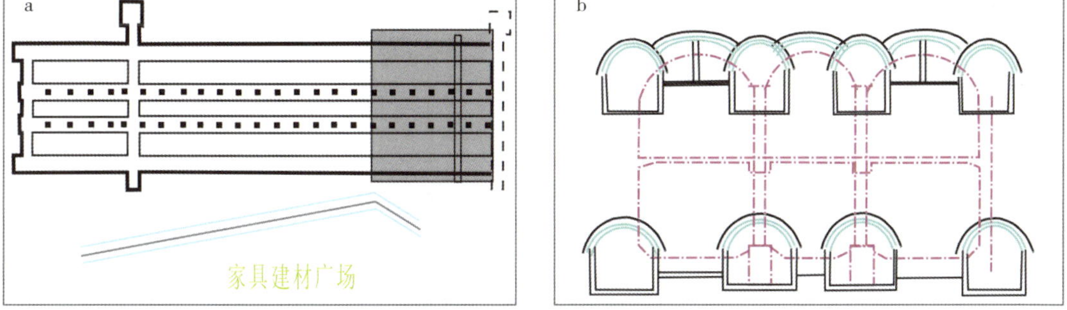

图9.32　建筑物平面位置图与剖面位置

a—平面位置关系图；b—剖面位置关系图

旁穿过程中，车站边导洞开挖宽度为4m，采用台阶法施工，严格留核心土要求，控制开挖掌子面进尺并，减小开挖步距，导洞每步开挖完成后及时封闭，拱部采用D_N 25mm（Φ32mm）×2.75mm，L=2.0m超前小导管加固地层，小导管环向间距为0.3m，每榀格栅打设，注浆浆液为水泥-水玻璃双液浆，注浆压力为0.3～0.5MPa。

5）既有线

车站施工主要涉及建筑物一级风险为车站西北端头临近既有线路及车站导洞临近线路既有B出入口。主要保护措施如下：

既有线路车站埋深2.6～4.5m，为盖挖逆作法施工，双柱三跨双层结构，车站长度为269.12m，宽度为21.9m；新建站端墙结构外皮与既有线路车站水平距离最小18.07m，车站导洞结构与既有车站水平距离最小距离为15.17m。

既有线路车站B出入口底板埋深约10m，为明挖法施工，距离新建车站端墙结构外皮水平距离最小4.6m，车站导洞结构水平距离最小距离为2.02m。其相对位置关系如图9.33所示。

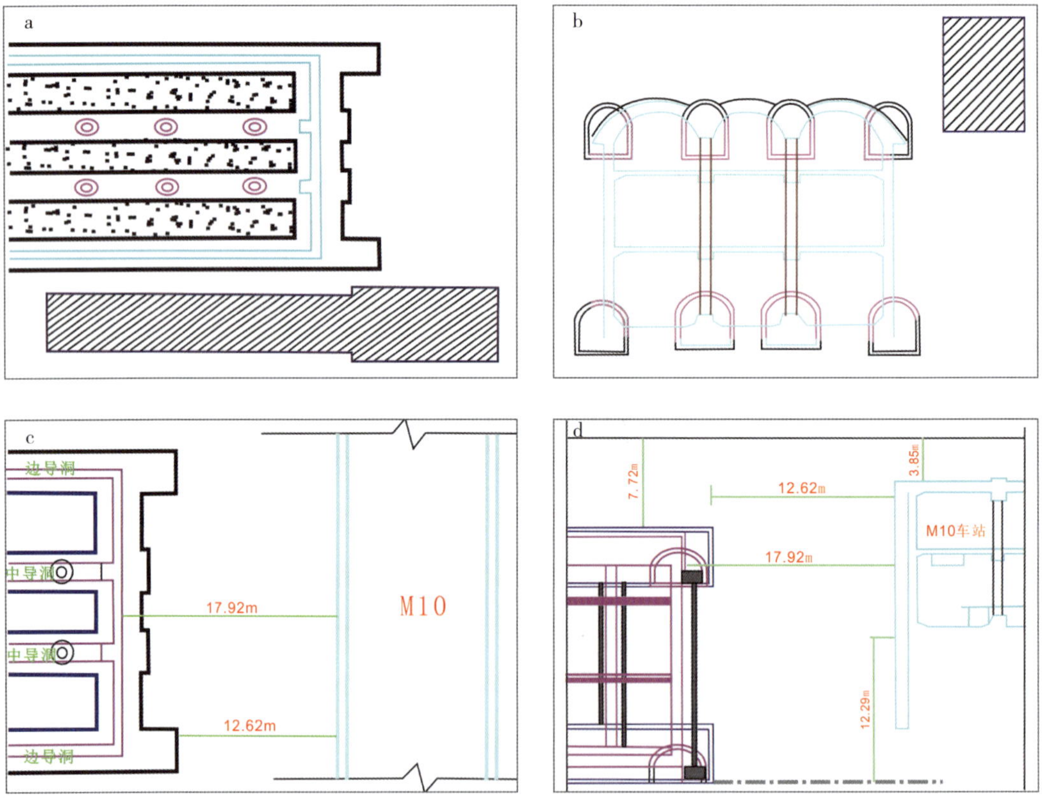

图9.33　车站位置与剖面图

a—车站与既有B口平面位置图；b—车站与既有B口剖面位置；
c—新建车站与既有车站平面位置图；d—新建车站与既有车站剖面位置

施工过程中采取的措施为：

①车站边导洞开挖宽度为4m，采用台阶法施工，严格留核心土要求，控制开挖掌子面进尺，减小开挖步距，导洞每步开挖完成后及时封闭，并增强初支背后注浆。

②导洞超前支护采用深孔注浆加固，加固范围为初支外1.5m，浆液为水泥-水玻璃双液浆，注浆压力为0.8 ~ 1MPa，且应根据现场试验确定。下导洞拱部采用D_N 25mm（Φ32mm）× 2.75m 钢焊管（长度2.0m）超前注浆，小导管环向间距为0.3m。

③临近B出入口导洞外侧采用深孔注浆加固地层。具体加固措施如图9.34所示。

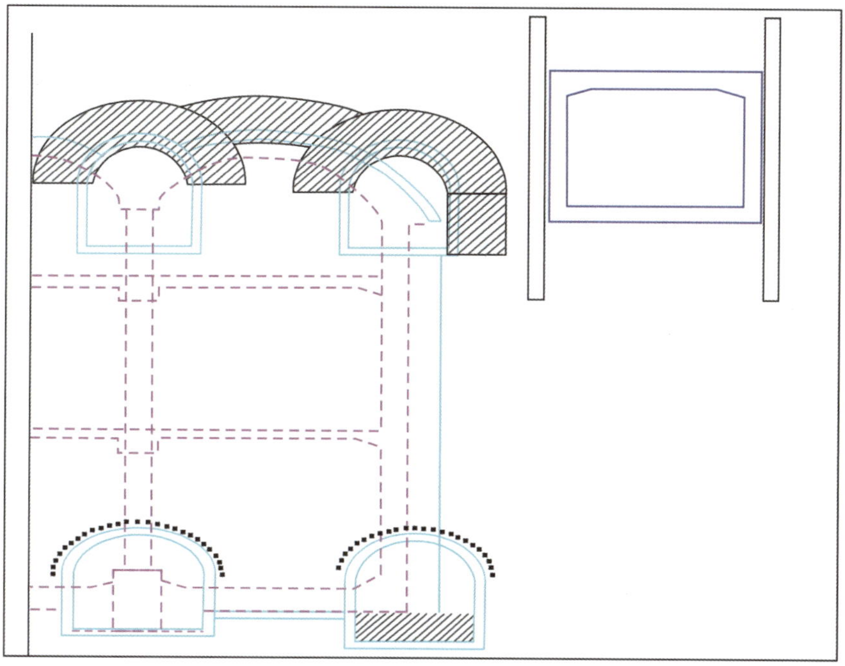

图9.34　新建车站与既有线B出入口保护措施

在通过风险工程施工前，应建立严密的结构受力、变形、沉降的监控量测体系，对施工过程进行全面的监控量测，随时反馈信息，指导施工。施工时应加强监控量测，根据监控量测数据及时调整支护参数。尤其是加强注浆压力对既有线结构的影响，并根据监测结果及时调整注浆压力。若出现较大沉降，可采取地面注浆的方式进行加固既有结构物。

6）深孔注浆

浆液采用水泥水玻璃双浆液，考虑地质情况，在设计同意的情况下可采用单液水泥浆。注浆后土体应有良好的均匀性和自立性，掌子面不得有明显的渗水，其无侧限抗压强度需达到0.5MPa，渗透系数≤1.0×10^{-6}cm/s。深孔注浆长度范围为10m，每循环注浆长度为12m，搭接2m。具体参数见表9.22和图9.35所示。

表 9.22　注浆参数

类型	序号	参数名称	设定参数
深孔注浆	1	浆液扩散半径	0.3m
	2	注浆终压	0.8 ~ 1MPa
	3	注浆速度	10 ~ 100L/min
	4	后退式分段注浆长度	小于0.5m
	5	水-水泥配比	W：S =1.5：1
	6	水-水玻璃配比	1：5
	7	水泥浆-水玻璃配比	1：0.6 ~ 1：1

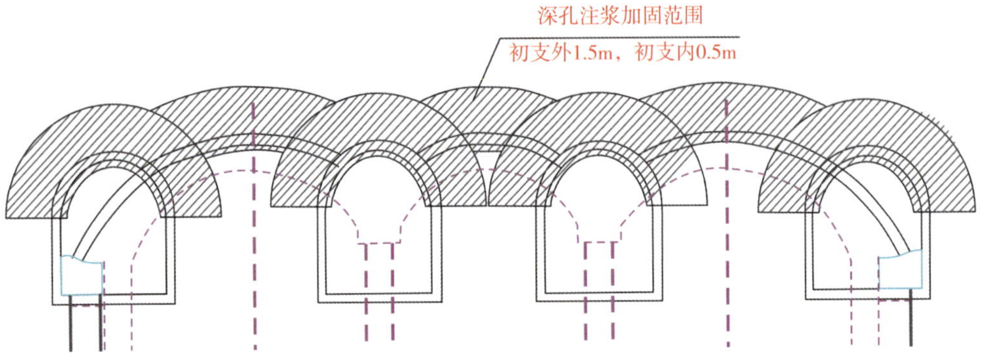

图9.35　上层导洞及初支扣拱深孔注浆断面加固范围示意图

深孔注浆采用双重管后退式注浆工艺，第一循环采用洞口径向注浆，其他循环采用洞内注浆，主要施工工艺如图9.36所示。

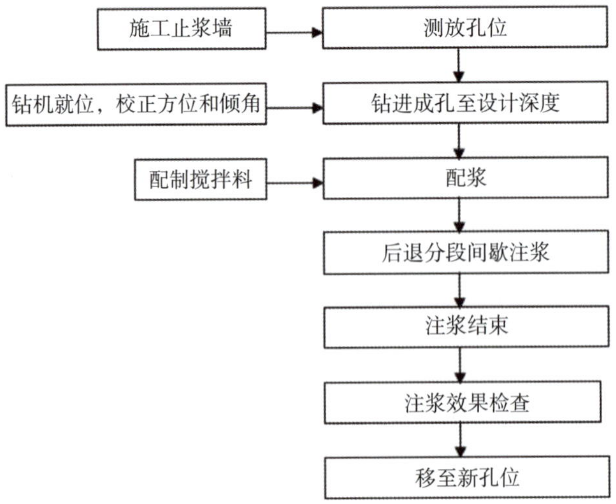

图9.36　深孔注浆工艺流程图

导洞内采用深孔注浆前，需要在上台阶核心土范围外的掌子面设置止浆墙，为300mm厚C20喷射混凝土，设外侧单层Φ6.5mm、网格尺寸150mm × 150mm的钢筋网片，并设置C22、网格尺寸500mm × 500mm的加强钢筋，核心土采用50mm厚C20喷射混凝土保护。深孔注浆采用间隔跳孔钻孔和注浆，注浆前应检查管路及连接件、孔口管、止浆塞等连接是否满足要求，止浆墙密封情况。具体流程如下：

①钻杆末端的浆液龙头和液压注浆泵的出浆端连接，中间接有压力表。

②通过搅拌机配制水泥浆，把配制好的水泥浆注入塑料容器中。

③把液压注浆泵的进浆端放到水泥浆、水玻璃浆中。

④开启液压注浆泵进行注浆。

⑤注浆压力达到0.8MPa范围内持续5min后，外拔注浆内管，每段拔出的长度控制在50cm以内。

⑥为防止浆液在注浆内管中凝固，当容器中的浆液全部注入注浆管中后，需对注浆内管进行冲洗。方法是把液压注浆泵的进浆端放入盛有清水的容器中，对注浆管注入清水。

注浆孔达到设计孔深，注浆过程中压力逐渐上升，流量逐渐减少，当压力达到注浆终压，可结束单孔注浆；注浆压力未能达到设计终压，注浆量已达到设计注浆量2.0倍，可结束单孔注浆。90%注浆孔达到单孔注浆结束标准，无漏注现象，注浆效果满足设计和规范要求后，可完成单循环注浆。

根据设计要求注浆后结实体无侧限抗压强度不小于0.8MPa。为确保注浆加固强度，在每次开挖前现场通过钻孔取芯或者现场剥离出结实体经切割成标准试件后到试验室做无侧限抗压强度。深孔注浆达到了很好的超前加固及止水效果，能够保证导洞及初支扣拱的顺利开挖。具体注浆效果见图9.37所示。

图9.37　深孔注浆效果图

（2）地下水综合治理措施

1）总体治理措施

施工过程采取洞内降水+地面管井降水的综合治理地下水措施。其中地面管井降水主要针对竖井等深基坑开过程中的各层水位；洞内降水采用轻型井点为主、真空管井为辅的降水方式进行降止水和渗水处理。

2）地质超前探测

在开挖工作面上钻探测孔，提前掌握地层及地下水情况。钻孔深不小于5m，采用Φ50mm钢管插入探测孔中，观察钢管内是否有水流出，探测管四周梅花形布置Φ8mm进水孔。发现前方土质含水量较大时，在原设计初支护体系的基础上，拱部增加超前注浆导管，环向间距30cm，导管长5.0m，外插角30°，纵向间距为2.0m，以增强注浆效果，固结拱部开挖轮廓以外的土层或砂层，杜绝拱顶坍塌、涌砂、涌水事故的发生，确保施工安全。

3）洞内降水及掌子面渗水治理

洞内轻型井点主要有斜井、水平辐射井，同时采用层间水明管引流、背后回填注浆止水等常用辅助措施。水平辐射管井针对承压水等水量较大的地下水；斜井主要针对层间潜水、界面残留水；层间引流明管主要针对喷锚面上细小渗流水。

①斜井施工

施工前认真分析地质水文条件，做好超前地质探测，确定水位位置；在进入含水层前打设斜井；提前2～3天进行抽排，保证疏干效果。具体见图9.38所示。

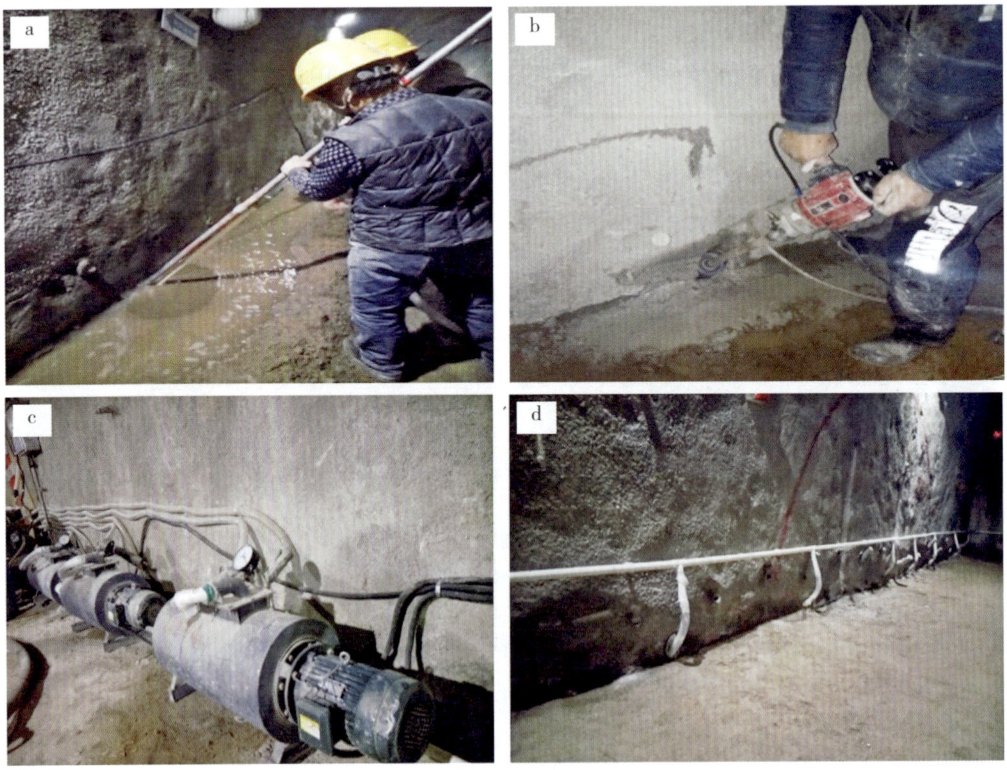

图9.38　斜井现场施工图

a—斜井钻孔；b—斜井安装滤水管；c—串联斜井；d—连接真空泵抽水

②水平井施工

水平辐射井是由竖井为中心，分层设置并向四周辐射水平滤水管组成的降水系统。水平滤水管埋置于地下含水层内以截断基坑的外来水和坑底涌水。地下水以重力形式分层渗入水平滤水管集于竖井（必要时可采取真空措施），用泵将水抽出达到降水目的。具体如图9.39所示。

图9.39　水平井现场施工图

a—预埋井口；b—钻机调试、对位；c—控制钻进进度；d—成井后插入滤水管

4）残留水处理措施

当施工降水遇到疏干含水层问题时，由于受降水理论、含水层底板凹凸不平等因素的影响，在含水层底部界面会存在少量残留水，影响基槽开挖和基础施工。对位于拱顶出残留水可采用注浆及超前导流措施；对位于结构中部残留水可采用导流措施；对于结构底部残留水可采用明排措施。

（3）监控控制指标

根据工程设计图纸，对本工点的监测控制值的标准参见表9.23所示。

表 9.23　监测控制值

序号	类别	监测对象	监测项目	控制标准
1	环境风险	建构筑物	建构筑物沉降	沉降量≤30mm，速率≤2mm/d
2		周边道路地表	地表沉降	沉降量≤60mm；沉降速率≤3mm/d
3		周边管线	管线沉降	无压：沉降量≤20mm，速率≤2mm/d 有压：沉降量≤10mm，速率≤1.5mm/d

注：建构筑物及无压管线差异沉降≤3‰，有压管线差异沉降≤2‰。

9.4.3　施工过程风险管控

（1）施工节点

具体施工过程及节点如表9.24所示，施工如图9.72所示。

表 9.24　施工节点

部位	开始时间	结束时间
1#～2#之间2B导洞	2018.06.01	2019.01.03
1#向西1A导洞	2018.12.03	2019.01.11
1#向西2B导洞	2018.12.14	2019.01.16
1#向西3B导洞	2019.01.02	2019.02.23
西端头上层横导洞	2019.03.04	2019.03.10
东端头下层横导洞	2019.01.24	2019.03.18
4#向东6D导洞	2018.11.05	2019.01.23
4#向东8C导洞	2018.10.21	2019.01.25
3#～4#之间6D导洞	2018.08.27	2019.01.22
3#～4#之间7D导洞	2018.11.04	2019.01.24
2#～3#之间6D导洞	2018.09.16	2019.01.07
2#～3#之间8C导洞	2018.09.18	2019.03.27
1#向西5C导洞	2018.10.10	2019.04.08
1#向西6D导洞	2019.01.19	2019.05.19
1#向西7D导洞	2018.10.29	2019.06.28
1#向西8C导洞	2019.03.28	2019.05.14
西端头下层横导洞	2019.05.26	2019.07.14
4#向东1A～2B边跨扣拱	2019.09.07	2019.10.25
4#向东2B～3B中跨扣拱	2019.10.18	2019.11.02
4#向东3B～4A边跨扣拱	2019.09.08	2019.10.25
3#～4#间1A～2B边跨扣拱	2019.08.27	2019.11.15

续表

部位	开始时间	结束时间
3#～4#间2B～3B中跨扣拱	2019.09.13	2019.11.23
3#～4#间3B～4A边跨扣拱	2019.08.30	2019.11.15
2#～3#间1A～2B边跨扣拱	2019.07.31	2019.10.30
2#～3#间2B～3B中跨扣拱	2019.09.05	2019.11.05
2#～3#间3B～4A边跨扣拱	2019.07.31	2019.10.30
2#～3#间1A～2B边跨扣拱	2019.10.29	2019.11.22
2#～3#间2B～3B中跨扣拱	2019.11.11	2019.11.26
2#～3#间3B～4A边跨扣拱	2019.11.02	2019.11.22
1#向西1A～2B边跨扣拱	2019.11.22	2019.12.23
1#向西2B～3B中跨扣拱	2019.12.20	2020.01.03
1#向西3B～4A边跨扣拱	2019.11.24	2019.12.22

（2）危大工程方案论证

根据论证结果，施工方案均根据专家意见进行了修改。

1）完善初支背后注浆压力具体控制方法。

2）补充对导洞开挖涉及的地下管线、构筑物进行详细调查，并做好保护措施相关技术交底。

3）细化深孔注浆试验段选择，建议成立深孔注浆实验技术小组，总结、收集适合车站开挖地层注浆参数，为大面积开挖施工提供技术保障。

4）细化深孔注浆方案，选取典型部位作试验段；注浆过程中控制好注浆压力，防止地下管线受损、地面冒浆；采取措施，防止封堵降水井。

5）完善导洞开挖中易塌地层的处理措施。

6）完善监测方案，增加民乐家居广场变形测点数量，并细化测点布置图；施工中加强监测与现场巡查。

7）三层段初支扣拱预支护宜增加管棚之间超前小导管注浆。

8）按照横通道之间相向扣拱的方式细化工程筹划，初支扣拱过程中应严格保证扣拱节点连接质量。

9）进一步细化有限空间作业安全防护措施。

10）完善管线断裂、道路塌陷事件应急联动机制和应急处理措施。

（3）专家巡视活动

施工期间共对车站进行4次专家巡视，经归纳总结，专家意见如下：

1）对拱顶是粉细砂层的区段，应进行深孔注浆预加固和密排小导管注浆预加固效果的试验对比，依据试验结果优化上层导洞地层预加固设计；

2）保持好台阶长度，加强锁脚锚管与钢格栅的牢固连接并对其注浆，拱顶格栅架设完成后及时喷射混凝土；

3）严格控制下台阶边墙超挖，避免顶拱拱脚悬空；

4）对于导洞仰拱处于地层界面残留水的区段，在仰拱开挖前应处理好地层界面残留水，确保仰拱喷射混凝土质量达到设计要求；

5）加强上层导洞初支背后回填注浆，应做到多次反复注浆；

6）因竖井与主体导洞间距较小，为控制多次扰动的不利影响，应加强多次扰动区域的预加固措施，并加强该区域状态的监测与巡查；

7）加强各工序的衔接，做到精细化控制，规范化施工；

8）工作面应按照安全专项施工方案的要求配备应急物资。

根据专家巡视意见，各项建议均被采纳落实。

（4）预警统计及分析

1）预警统计。

PBA车站主体施工至今，共发布828个监测预警（其中红色预警235个；橙色预警428个；黄色预警165个）和46个巡视预警（其中黄色预警41次，橙色预警5次。因掌子面塌落发布了32次预警，因施工不规范发布了7次预警，因渗漏水、积水发布了7次预警），典型巡视预警照片如9.40所示。

图9.40　现场预警照片

a—拱顶塌方；b—无减压槽；c—两榀格栅拱脚悬空；d—掌子面塌方

2）典型监测预警及处理措施。

①2019年11月21日，1号与2号井之间发生16个红色监测预警。处置措施：暂停2号竖井向西中跨初支扣拱开挖，进行2号竖井向西的南侧边跨假拱及背后回填施工，1号横通道内假拱封闭至横通道仰拱。同时对预警部位进行回填注浆，加强洞内、地表及管线监测与巡视力度。

②2019年3月10日，1号井往西发生8个红色监测预警。处置措施：加强初支背后的注浆压力及效果，加强施工管理，严格按照设计施工，加强洞内、地表及管线监测与巡视力度。

③3B导洞上方多处监测点连续出现红色监测预警，变形速率过大，且无收敛趋势。原因分析：3B导洞覆土较薄，地层稳定性较差，施工扰动影响明显。处置措施：封闭掌子面，从旁边导洞进行回填注浆，加强监测及巡视，如图9.41所示。

图9.41　预警照片

3）不同施工阶段变形控制分析。

从图9.42～图9.44可以看出：

①车站主体二衬扣拱即将完成，车站主体上方平均沉降量105mm。车站主体上方整体沉降量较大，地表最大沉降测点DB-25-7，累计值-205.48mm。Φ2000mm雨水管线与Φ900mm雨水管线累计沉降较大，Φ2000mm雨水管最大沉降点YSG-1-3，沉降量-165.88mm，管线平均沉降量-130.05mm；Φ900mm雨水管最大沉降点YSG-2-3，沉降量-208.43mm，管线平均沉降量-168.74mm，目前速率稳定。

②三层段沉降量总体大于双层段沉降量。

③施工期间沉降主要发生在主体导洞开挖和初支扣拱期间。

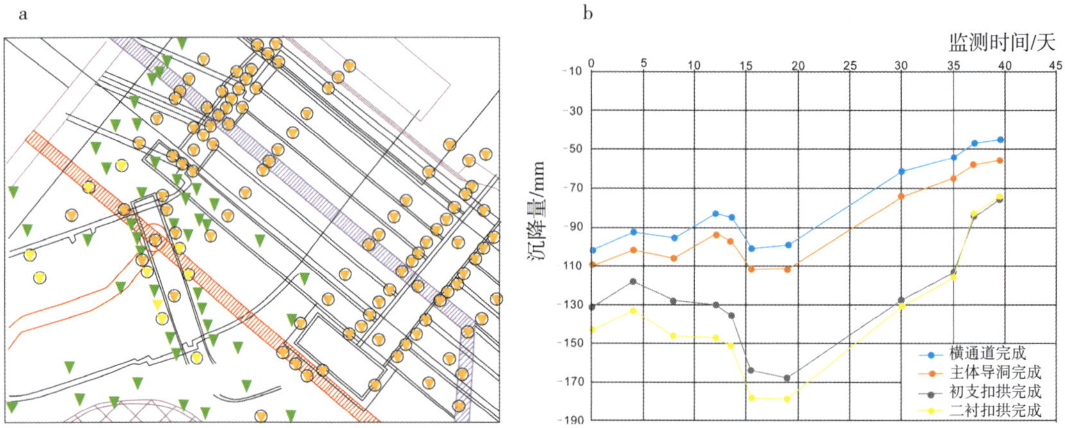

图9.42　三层典型监测点位置与变形
a—三层段典型监测点位置图；b—三层段典型监测点变形沉降槽

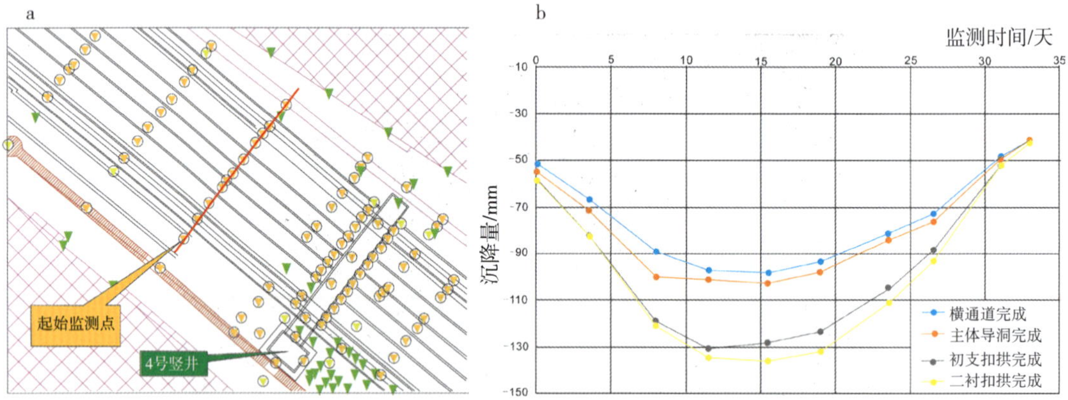

图9.43　两层典型监测点位置与变形
a—三层段典型监测点位置图；b—三层段典型监测点变形沉降槽

（5）险情/预警及响应、处置

1）2#竖井向西8C导洞塌方。

①塌方经过。2019年2月25日，车站2#竖井向西开挖的8C导洞完成深孔注浆超前加固，2019年2月26日开始破除止浆墙，2019年2月27日晚正式开挖。2019年02月28日18：30，车站2#竖井向西开挖的8C导洞进尺约34m处正在开挖时，南侧拱顶突涌流砂，发生塌方，塌方体积高2m×深3m，约20m^3，掌子面下台阶被埋没。

②塌方原因。导洞拱顶为粉细砂层，在拱顶上方2m存在层间潜水–承压水（四）和承压水（五）。事故原因主要为前方土质极其松散，自稳能力差，水量大，深孔注浆效果不理想等。

③现场处置措施：

一是在掌子面流砂处采用加气块及草垫子进行封堵，防止坍塌扩大化，并在掌子面打

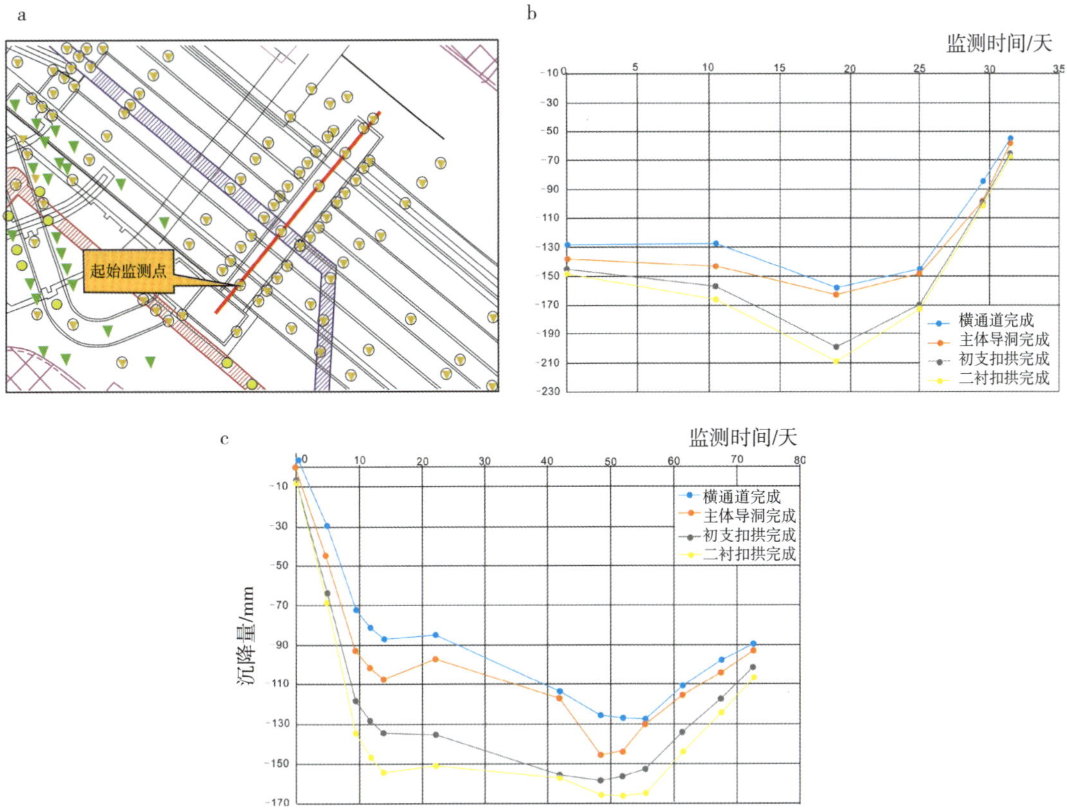

图9.44　1#横通道典型监测点位置与变形

a—1#横通道典型监测点位置图；b—1#横通道典型监测点变形沉降槽；c—Φ2000mm雨水管线纵向沉降槽

设2m小导管，铺设双层钢筋网片进行喷锚封闭掌子面。

二是采取从上层导洞仰拱位置向下注浆的方法对塌方位置进行回填，防止周围土体二次塌方，同时对上层导洞拱顶进行注浆加固，保证路面稳定，浆液采用单液水泥浆。

三是加强对道路及周边管线的巡查力度。

2）1号井6D导洞拱顶水土流失并形成空洞。1号井6D导洞拱顶位置水土流失（粉细砂层），形成空洞，空洞范围长度约50cm，宽约30cm，深约1m。原因分析：掌子面拱顶为粉细砂层，含水，局部水囊，超前探查措施不到位。处置措施：封闭掌子面，进行拱顶回填注浆，加强监测及巡视；后需开挖前对掌子面进行超前探测。

9.4.4　经验总结及建议

1）工程施工过程对地下水的治理，在地面管井不封闭的情况，成功实现了洞内真空+深孔注浆综合治理水措施，效果较理想。工程施工过程针对洞顶及侧壁有较厚的砂层及粉土，自稳性较差，易发生坍塌、冒顶、边墙失稳、涌水涌砂等风险的管控，采取加强洞内深孔注浆、规范施工、尽量少的扰动围岩等措施。

2）隧道对应地表及管线沉降变形较大，其原因与地层较松散、上部覆土较薄、周边道路车辆动荷载较大有直接关系，虽未出现管线破坏等风险事件，但管线的安全状态不受控。后期应加大地面雷达探测频率，发现异常情况及时处理，防止地面坍塌。

3）沉降主要发生在主体导洞开挖和初支扣拱期间，施工过程中应加大主体导洞开挖和扣拱开挖期间的沉降变形控制。建议通过控制各导洞纵向间距降低群洞效应影响，防止变形过快发展，造成周边环境差异沉降过大出现管线断裂等风险事件。初支封闭成环后采取多次反复低压填充注浆的方式控制变形继续发展。

参考文献

北京市住房和城乡建设委员会. 2023. 北京市城市轨道交通工程典型地质条件安全风险管控技术指南（试行）.

郭聖煜，骆汉宾，滕哲，等. 2015. 地铁施工工人不安全行为关联规则研究. 中国安全生产科学技术，11(10)：185–190.

刘方翠，祁生文，彭建兵，等. 2016. 北京市地裂缝分布与发育规律. 工程地质学报，24(6)：1269–1277.

刘付. 2018. "接头箱+防绕流铁皮"工艺在皇岗村站地下连续墙H型钢接头空腔施工中的应用. 四川水利，3：89–94.

刘铁民. 2010. 事故灾难成因再认识——脆弱性研究. 中国安全生产科学技术，6(5)：6–10.

刘铁民. 2011. 突发事件应急预案体系概念设计研究. 中国安全生产科学技术，7(8)：5–13.

刘伟，赵亚军，赵宝森，等. 2021. 基于富水砂层超深地下连续墙工字钢接头止水适用方法必选. 建筑施工，10：2009–2012.

刘文，杨志勇，刘东军，等. 2021. 城市轨道交通工程施工安全事故聚类分析. 科学技术与工程，21(7)：2982–2988.

卢伟. 2020. "上软下硬"复合地层地连墙快速成槽施工关键技术研究. 铁道科学与工程学报，17(1)：174–180.

陆微，董超，张攀，等. 2022. 城市轨道交通工程安全隐患网络特征分析. 工程管理学报，36(2)：86–91.

申健，邓岳飞，李晓玮，等. 2003. 北京市地质灾害特征及防治措施——以门头沟区为例，北京：科学出版社.

田苗壮，罗勇，崔文君，等. 2022. 南水北调背景下北京地面沉降发展变化特征. 上海国土资源，43(4)：44–49.

杨晓杰，刘冬明，张帆，等. 2010. 地铁隧道明挖法施工基坑支护稳定性研究. 地下空间与工程学报，6(3)：516–520.

张振华，朱琳，刘志钢，等. 2021. 基于 HFACS–MA 的地铁事故人为因素研究. 城市轨道交通研究，24(6)：219–223.

赵宇豪. 2020. 常州地铁深基坑承压水减压降水对周围环境影响及控制措施研究. 南京：东南大学.

郑克亚，孙振锋，刘传新，等. 2018. 某基坑地下连续墙渗水问题鉴定研究. 工程勘察，10：30–35.

标准

城市轨道交通地下工程建设风险管理规范 GB 50652—2011.

城市轨道交通工程监测技术规范 GB 50911—2013.

城市轨道交通工程建设安全风险技术管理规范 DB11/1316—2016.

城市轨道交通工程设计规范 DB11/ 995—2013.

城市轨道交通工程项目规范 GB 55033—2022.

城市轨道交通土建工程设计安全风险评估规范 DB11/1067—2014.

城市轨道交通岩土工程勘察规范 GB 50307—2012.
城市建设工程地下水控制技术规范 DB11/ 1115.
穿越城市轨道交通设施检测评估及监测技术规范 DB11/T 915.
地铁工程安全评价标准 GB 50715—2011.
地铁设计规范 GB 50157—2013.
地下工程防水技术规范 GB 50108—2008.
地下建筑工程逆作法技术规程 JGJ 165.
地下铁道工程施工标准 GB/T 51310—2018.
地下铁道工程施工质量验收标准 GB/T 50299—2018.
盾构法隧道施工及验收规范 GB 50446—2017.
盾构隧道工程设计标准 GBT51438—2021.
风险管理风险评估技术 GB/T 27921—2023.
工程结构通用规范 GB 55001—2021.
工程勘察通用规范 GB 55017—2021.
混凝土结构工程施工规范 GB 50666—2011（2015版）.
混凝土外加剂应用技术规范 GB 50119—2013.
基坑工程内支撑技术规程 DB11/ 940.
建设工程第三方监测技术规程 DB11T/1626—2019.
建筑地基基础工程施工规范 GB 51004—2015.
建筑地基基础工程施工质量验收标准 GB 50202—2018.
建筑基坑工程监测技术规范 GB 50497—2019.
建筑基坑支护技术规程 JGJ 120.
建筑深基坑工程施工安全技术规范 JGJ311—2013.
建筑施工安全技术统一规范 GB 50870—2013.
建筑施工易发事故防治安全标准 JGJ/T 429—2018.
建筑与市政地基基础通用规范 GB 55003—2021.
建筑与市政地下水控制技术规范 JGJ 111.
建筑与市政工程施工质量控制通用规范 GB 55032—2022.
铁路隧道工程施工安全技术规程 TB 10304—2020.